ちあきなおみ
沈黙の理由

古賀慎一郎

新潮社

はじめに

私がこの物語を書こうと思ったのは、天命を知ったからとしかいいようがない――。

平成四年九月十一日、ちあきなおみは、夫でありマネージャーでもあった、郷鍈治《ごうえいじ》との永訣と時を同じくして、口を噤み、歌手活動を停止した。

以後、四半世紀超……引退表明もなく、「沈黙」を続けている。

私は、ちあきなおみの付き人・マネージャーとして、その活動停止前の一年間と、その後の七年間を傍で過ごした。

あれから、二十年という歳月が経過した。

私が五十歳を過ぎた頃のこと。昔、お世話になった方々が次々と他界された。

何一つとして、亡くなった方々の御恩に報いることができていない自身が、平然と生き続けているという現実に直面した。私が今、こうして生きていられるのは、全て、お世話になった方々のお陰である。

身内のように大切にしていただいたこと、大事な仕事を任せてもらえるよう、期待をかけて下さったこと、なにより、私のことを見ていて下さったこと……私は、忙しさにかまけ、大事なことを忘れていたのだ。

この思いは、ごく自然に、郷さん、ちあきさんへと集約されていった。いまなお、日本を代表する歌手と言って間違いないであろう、ちあきなおみ。そしてその活動を命を懸けて支えた郷鍈治。

その最後の時に、何故、私は御二人の傍にいたのだろうか。そこに、私の人生に於ける何がしかの役割があったのだろうか——。

その思いが、私に筆を執らせた。

この手記は、あくまでも「歌手ちあきなおみ」の舞台裏で私が感じたことである。書き出してみると、二十年以上も前の出来事の詳細が鮮明に蘇り、さまざまな記憶を呼び戻すことができた。

なぜだろう?

それはこの時期が、私にとって、「人生の時」だったからだと思う。

しかし今、原稿用紙を前にして、葛藤を繰り返している。

記そうとしているのは、ちあきさんにとって最も辛かった日々であっただろうと思うからだ。一文字、一文字を追いながら、郷さんとちあきさんの魂を汚すことになりはしないだろうかと、何度も思った。

だが、書かなければならないという使命感が勝った。

このまま、私だけの胸の中に仕舞っておくには、あまりにも大きく、美しい物語だからである。

そして、誰かに伝えたい。

こんな愛の物語があったということを、遺したい。

その願いを、受け止めていただければ幸いである。

伝説の歌姫ちあきなおみ……。

未だ続ける沈黙の理由を、私の体験を顧みながら振り返りたい。

そのためには、あの日のことから物語の幕を開けなければならない。

ちあきなおみ　沈黙の理由　目次

写真提供　産経新聞社
装幀　新潮社装幀室

ちあきなおみ　沈黙の理由

第一章　約束

「ちあきは全く手がかからない人だから
安心しなさい」

あの日

暗闇の中、壁に掛けてある電話の着信音で、私は浅い眠りから現実へと引き戻された。時間を確認すると、深夜二時だ。点滅する電話の赤いランプが、ただならぬ状況を告げているように見える。私はある予感を抱きつつ、受話器を取った。

無言の符牒……その瞬間、全てを察知した。まるでそれを復唱するかのように、相手の声が聞こえてきた。

「郷さん……死んじゃった」

これまでの心構えはいったい何だったのだろう。突然、銃弾に心臓を撃ち抜かれたかのような衝撃が走った。

「えっ？」

疑問ではなく、私にとって、初めて人間の死というものが、強烈な力をもって、目の前に姿を現したことへの抵抗。そして……。

私は夢を見ているのだろうか？　頭の中が真っ白になったが、

「すぐ病院へ向かいます」

と言って電話を切った。その直後、全身が強く震え出した。同時に小刻みに唇が痙攣し、声を発することもできない。

ただ部屋の中を行ったり来たりしながら「しっかりしろ！」と、心の中で自分自身を鼓舞した。

何とか気を紛らわせねば……深呼吸をしてから、録画してあった女性アイドル歌手のビデオを観た。無意識のうちに、今この状況とは、全く無縁な世界に浸ろうとしたのだろう。集中しようとするものの、まだ震えは治まらない。

そんなことを知る由もなく、画面の中で歌い踊る歌手に向かって「助けてくれ……助けてほしい」と、幾度となく叫んだ。

歌はサビ部分に入る。

私は画面から目を離し、そっと閉じた。

ようやく、心が少し落ち着いてきたのが分かる。

夜明けだ……。

行かなければならない。

私は築地にある、国立がんセンター（現・国立がん研究センター）へ向かった。

平成四年九月十一日、郷鍈治は永眠した。そしてこの日、ちあきなおみは、芸能界からその姿を消した。

郷鍈治さんとの出逢い

前年の平成三年八月——。

私は東京・広尾にある、喫茶店「コレド」へ向かっていた。ちあきなおみの個人事務所、「セガワ事務所」入社の社長面接を受けるためである。

ちあきさんの現場マネージャー兼付き人兼運転手、といった仕事だ。募集告知を見て自ら応募したのではない。事務所の社長の実姉であり取締役でもある方が、私の母と昔から懇意にして下さっており、話が進んだのだ。

母は学生時代、当時人気絶頂にあった日活アクション映画のファンであり、「エースのジョー」こと、宍戸錠さんの追っかけをしていた。今の時代とは違い、撮影所にも出入りでき、かなりフランクにスター俳優との交流が可能だったそうである。特に宍戸錠さんはファンを大切にされる方で、御自宅にまで皆を招待され、その時、私の母もお母様やお姉様によくしていただいたことがきっかけとなり、長く交流が続いていた。そこでお姉様が、今回の話を下さったというわけである。

錠さんの実弟であり、日活アクション映画では悪役スターとして、石原裕次郎さん、小林旭さん、赤木圭一郎さん等、数多くの俳優と共演されていた郷鍈治さんが、事務所の社長であり、ちあきさんのマネージャー、プロデューサー、そして夫である。

当時、定職にも就かずブラブラしていた私は、かなり軽い気持ちで話に乗った。もともと芸能界には興味があり、過去に一年間、男性俳優の付き人を経験していたので、自分にもできるかもしれないと思ったこともある。一方で、当時はこのまま遊んでいたいという気持ちも強かったのだが、郷鍈治さんにお会いしてみたいという気持ちもあり、非常に曖昧な心境だった。

この日の数日前、郷さんから直接電話をいただいた。

「一度、お話ししましょう」

その時の郷さんの口調が、とても優しく、落ち着いていて、放蕩生活に陥ってゆきそうな自分を救って下さる、神様のような印象を受けていた。

実は、郷さんとは過去に二度、お会いしたことがあった。とは言え、一度目は私がまだ物心つく前の、子供の頃の話である。郷さんのお母様の御宅へ母に連れられて伺った時、たまたま郷さんがいらっしゃったのだ。リビングでギターをつま弾いていた姿が、不思議にもはっきりと記憶の中に残っていた。

そして二度目は、私が小学生の頃、郷さんが出演された舞台公演を拝見した時、母に連れられて楽屋へ挨拶にお邪魔している。

このようなことから、私は勝手に親近感を覚えていたが、成人してからは初めてである。三度目……そして、今回は仕事である。二十四歳の私は、いやが上にも緊張していた。

ちあきなおみ――どういう人なのだろう。名前や顔こそ知っていたものの、世代も違い、ほとんど知らないに等しかった。

『喝采』を歌っていた人、ものまねタレントのコロッケさんがよく真似をしている人、「タンスにゴン」のＣＭで、美川憲一さんと面白いことをやっている人……それくらいの認識だった。きっと明るい人だ、否《いや》、もしかしたら怖い人かもしれない……。

もし当時、「ちあきなおみ」という歌手を詳しく知っていたなら、私はこの話を即決で断っていただろう。私如きが傍へ付けるような方ではないからだ。怖いもの知らずの若さ、その無知が幸いしたと言っていいだろう。

コレドはマンションの二階にあり、郷さんが経営されていた喫茶店で、ちあきさんの仕事の打ち合わせにも使われていた。

店へと続く階段を一歩一歩上る。それと並行して心臓の鼓動が高鳴ってくる。扉が見えた。ここまで来たら後はどうにでもなれ、といった気持ちになった。

手動の重い扉を引いて開けると、カウンター席に座る郷さんの顔が真っ先に目に飛び込んできた。私が挨拶をするよりも早く郷さんは席を立ち、微笑みながら近くに来て「どうぞこちらへ」と、入り口近くの大きなテーブルを指し示された。

何故、私だと分かったのだろう？

約束の時間に現れたからだろうか？

お姉様から容姿を伝えられていたのだろうか？

否、扉を開けて目が合った時、瞬時にして何かが通い合ったのだろうと思う。

郷さんに微笑まれ、挨拶をするよりも前に、私は無意識に微笑みを返していた。

席に着き、面接が始まった。しかし差し向かいではなく、私の目の前に郷さんの横顔があるという配置だ。郷さんも私も、ある程度の話はお姉様から聞いていたので、事細かな説明は省略である。つまり私の入社は、この時点でほぼ決定事項だったのだ。条件面など、ある程度は私にも選択する権利はあるかもしれないが、それ以前に、郷さんをひと目見た時、私の心は決まっていた。

一言で理由を言えば、圧倒的に格好いいのだ。五十四歳という年齢からくる大人の男の渋みというのではなく、映画俳優をやっていたという背景が見えたからでもない。

その姿に、崇高な精神を感じた。郷さんは話を始められた。

「あの娘《こ》がうちの事務所に来た時……」

あの娘？

あの娘って誰のことを話しているのだろう？

聞いているうちに、ちあきさんのことだと分かってきた。あの娘って言うんだ……。

「俺はよく周りから、いい加減なことばかりやってると言われるが、俺がいい加減な人間だからしょうがねえ」

低音で話す郷さんのその口調に、私はまるで映画の中で共演しているかのような錯覚に陥っていた。遠くを見詰めて話すその横顔に見惚れているうちに、話は具体的になっていた。

近々のちあきさんのスケジュール、そして初任給の提示、勤務時間等の説明の後に、

「君もいろいろと整理する時間が必要だろうから、二日後に電話で返事をくれ」

この面接で、郷さんは私のことを何一つ聞かなかった。もう決めているのだ。何よりもそれが嬉しかった。と同時に、一刻を争うように、どこか焦り気味にこの話を引き継ごうとする、郷さんの一挙一動、一言一句が気になっていた。その疑問を、自分が今必要とされているのだ、という自惚れで心の底に沈めた。二日後。

「郷さんの下でやらせてください」

と返事をした。私のセガワ事務所入社日は、八月二十六日と決まった。

セガワ事務所

コレドがある建物と隣接しているマンションの四階に、セガワ事務所は入っていた。私の出勤場所である。大きめの1LDKで、奥に郷さんの部屋、玄関を入ってすぐに簡易的なキッチンを併設している部屋があった。そこにデスクが二つあり、その一つを私はいただいた。

ここは主に、ちあきさんの衣装合わせや、細かな事務的な仕事、コレドではできない打ち合わせ等に使われていた。事務機器、オーディオ設備も充実している。大きな本棚にはぎっしりと本が詰まっており、中でも目を引いたのは、「日本の歌」という楽譜付きの本で、十冊程並べられていた。百曲以上収められたその本を見て、「ちあきなおみ」は、きっと全曲歌うことができるのだろうと思った。

電話が鳴った。初めてのことなので、恐る恐る受話器を取り、

「はい、セガワ事務所です」

と応答すると、郷さんからだった。

「今から行くので、よろしく」

この日から二週間、私はマンツーマンで郷さんから様々なことを教えていただいた。内容は多岐に渡り、日本の政治状況、世界の経済事情、人間としてどう生きるべきか、という指針めいた話まで含まれていた。しかし決して堅苦しいものではなく、歯に衣を着せることなく、はっきりと御自分の意見を述べられるので、分かりやすく面白かった。

最初の数日間で、私は郷さんに抱いていたイメージが上書きされてゆくのと同時に、信頼と尊敬の念が気持ちの中に芽生え始めた。そして、いくら私が憧れを増幅していったところで、この人になることは、否、目指すことさえ無理なのだと感じていた。その思いは、この時期の郷さんに歳が近くなった今現在でも、進行形である。

徹底して己の精神を律し、決して驕らず、目立たぬように、自らの役割を深く理解してそれに徹する。言葉にするのは簡単だが、到底できることではない。

それができるのは、「ちあきなおみ」という存在があったからなのだと思う。

この年の十月、ちあきさんのアルバム『百花繚乱』がリリースされることになっていた。ある日、このCDのサンプル盤を郷さんが前置きなしでかけられた。

私は「ちあきなおみ」の歌を聴いたことがなかった。何か問われたらどう答えていいのか

さえ分からない。そしてこのアルバムのプロデューサーは、目の前にいる郷さんだ。私の世代が聴く音楽とは無縁の世界が、スピーカーから流れてくる。

無言で聴いている郷さんに、何か言わなければならないのだろうか。一曲一曲とトラックが進んでいくうちに、私は不思議な感覚を覚えていた。歌が素直に、それも心地よく耳に入ってくるのだ。

「ああ、いいですねえ……」

自然に言葉が出た。決して気を遣ったわけではなく、卑屈になったわけでもない。世代、年齢など関係なく、日本人である私の心に染み込んでくるのだ。その旨を伝えると郷さんは頷かれ、

「洋楽っぽい日本の歌が幅を利かせているこの時代、その歌い手に帰り着く場所があるのかしらと、ちあきも言ってるよ」

私はこの時、はっきりと意味を理解できなかったが、この言葉だけは烙印のように心の中に焼き付いた。

事務所には毎日、数十本電話がかかってくる。出演依頼、取材の申し込み等だが、中には、ちあきさんのために楽曲を作ったので是非聴いて欲しいという、一般の方からのお申し出も幾つかあった。私が驚いたのは、郷さんは丁寧に、「送ってください」と応じられるのだ。仕事関係者に対しては、時として厳しい言葉もあるが、何よりも「ちあきなおみファース

ト」の対応、という印象を受けた。

この頃、「タンスにゴン」のＣＭで、ちあきさんは内田裕也さんと共演され、間もなく流れる予定だった。

同窓会で数十年ぶりに会った中年の男女が、一緒にカラオケを歌う。何となく、昔、両思いだったのでは、というシチュエーションだ。

郷さんは関係者から電話がある度、

「そろそろ流れるよ。二人でシェケナベイベー！なんて言って、馬鹿なことやってきたらしいんだよ」

と、本当に嬉しそうに、笑いながら話されていた。

実際に流れた映像は、歌唱シーンのみだった。ノリノリで歌うちあきさんを、内田裕也さんがやや冷めた目で、一歩引いて見詰めているが、最後は二人で大ノリになってしまう、というものだった。


郷さんと私は電話対応に追われる日々だったが、それ以外の空いた時間、色々な話をした。郷さんは芸能界の話はあまりされなかったが、私は隙あらばチャンスとばかりに、日活アクション映画時代のことを質問した。母の影響で、郷さんが出演されている作品も数多く観ていたので、興味津々だったのだ。郷さんは懐かしむように話した。

「撮影所に食堂があって、朝、撮影前に皆でコーヒー飲むんだけど、仕事の映画の話なんか全くしないで女の話から始まるんだよ。まるで悪ガキの合宿所みたいだったよ」

「俺達は演技もろくすっぽできないから、監督は、早く台詞を言ってごまかせ、と。その上、当時は映画しか娯楽がない時代だったから、とにかく量産しなければいけない。今でも日活出身の監督は、皆、早撮りだよ」

二十一歳で夭折された、「日活第三の男」こと、赤木圭一郎さんとは特に仲が良かったらしく、目を細めながら話された。

「赤木は本当にヤンチャな奴で、よく注意していたんだよ。音楽好きの俳優仲間が集まって、『エル・ブラザース』というバンドを組んでたんだ。メンバーの中でも赤木が一番張り切って、全米ツアーでもやるか、なんて冗談を言っていたよ」

「赤木と三分間位の格闘シーンがあって、一応、擬闘は付けられているんだけど、途中から本当にパンチや蹴りが入っちゃって、カットが掛からないから続けるしかない。お互い本気で殴り合ったよ」

何とも男騒ぎのする話である。

赤木圭一郎さんと共に、よく郷さんが話されていたのは、藤竜也さんである。

中でも面白かったエピソードが、映画で小林旭さんと宍戸錠さんが共演された「渡り鳥シリーズ」のテレビ版を二人でやる事になり、当時、共演者に劇団から俳優が数多く出て来て、その演技の巧さにこのままでは不味いと思ったので、藤竜也さんと二人で本屋に駆け込み、演技論の本を買って読んだ、という話だ。

その他、武勇伝も含めて、面白い話を沢山聞かせていただいたが、肝心の、ちあきさんのお話は二つだった。

「ちあきは全く手がかからない人だから安心しなさい」

「ちあきに付くことは、恵まれていると思いなさい」

ちあきなおみさんとの出逢い

ちあきさんと初めてお会いしたのは、入社一週間後だった。面談といった畏まった形ではなく、事務所で衣装合わせの予定が入っており、ならば当然この日に顔を合わせることになると、心中密かに緊張していた。郷さんから、

「ちあきも可愛がると思うよ」

と言われていたものの、うまくやっていけるだろうか、どのように接すればいいのだろうかと、私は不安という濁流に流されていた。

そろそろ時間が迫ってきている。すると電話が鳴った。郷さんからで、コレドに来るようにということだった。

コレドは隣のマンションなので直ぐに行くと、郷さんは、間もなく撮影に入る関西テレビ・花王ファミリースペシャル枠内で不定期に放映されていた、ちあきさん主演のドラマ『虹が出た！』のプロデューサーと打ち合わせ中だった。そして私を、

「今度、ちあきに付く古賀君だ」

と紹介していただいた。制作のトップの方が先方から出向いて来られ、しかもいきなりお会いできるとは、「ちあきなおみ」は大スターなのだ、と思いながら事務所へ帰ると、既に奥の部屋で、ちあきさんとスタイリストの女性が衣装合わせをされていた。

ちあきさんと目が合ってしまった。

一瞬頭の中が真っ白になりながらも、コチコチになって挨拶をしなければと口を開こうとすると、ちあきさんは微笑まれ、

「ちあきです。よろしくお願いしますね。郷さんから聞いてます」

私は自然と微笑みを返していた。

郷さんとの初対面と同じだった。余程、私が緩慢なのかと疑いたくなる位に、挨拶という重要な場面で、先を越されてしまった。これでは全く逆である。しかし、そういう御二人なのだ。そして同じように微笑みかけていただいたのだった。

思えば、私は郷さんとちあきさんと初めてお会いする場面で、言葉よりもまず、微笑みを交わした。

私は御二人の微笑みに、誠心を誓ったのだ。

この日、私が抱いていたちあきさんのイメージが一転した。歌っている姿は、大人の女性としか形容できない程、雰囲気があり非日常的であるが、とても気さくで、可愛らしい印象を受けた。そして、ちあきさんの笑顔に不安は消え去り、いつしか私は清流にいた。

衣装合わせは続いていたが、私の退勤時刻となった。ちあきさんは、

「もう帰っていいですよ。事務所の鍵は私も持っているので心配しなくていいですよ」

帰途につきながら、図々しくも私は、就職したのではなく、家族の一員にしていただいたような気分になった。

郷さんは毎日、事務所で仕事を終えられると、必ずちあきさんに、

「間もなく帰ります」

と電話を入れていた。私はこの光景が強く印象に残っている。その郷さんの口調、柔らかな物言いの向こうに、仲の良さ、素敵な夫婦、という以上に、御二人の人生観までもが滲み出ているように思ったのだ。

秘めやかに、しめやかに。そして他者が入り込む隙間など全くない程の結束。郷さんにとってはちあきさんが、ちあきさんにとっては郷さんが、世界であり、全てなのだ。

私は、幸せとはこういうものだという理想型を見た気がした。と同時に、僭越ながら、この二人の世界を、目を離さずにずっと見守ることが私の仕事なのだ、との思いが湧き上がってきたのを覚えている。

郷さんとちあきさんが共に歩んでこられた道、その足跡を何も知らなかったが、御二人はひとつなのだと肌で感じ、温かい気持ちに包まれていた。

静かで清らかな湖に、互いを映して見詰め合う二人……しかし、この時既に、湖に石は投げ込まれ、湖面が波立っていることを、私は知る由もなかった。そして、その波紋の行き先は、まだ誰にも見えていなかった。

芸能人らしくない

残暑厳しい九月中旬、私にとって、ちあきさんに付いて初めての、現場での仕事の日を迎えた。ドラマ『虹が出た！』の本読みリハーサルである。

このドラマはちあきさんがラーメン屋の女主人を人情味たっぷりに演じて好評を得ており、高田純次さん、美川憲一さん、木内みどりさん等がレギュラー出演されていた。山岡久乃さん、梅宮辰夫さんをゲストに迎え、今回は、同年十二月、翌年一月放送分の二本撮りである。

この日は雨で、その雨脚は強かった。私は午後からのリハーサルを控え、朝から緊張していた。ちあきさんと初対面は済ませたものの、本格的な初めての仕事だ。

芸能界では、主演級ともなれば、現場に取り巻きを二、三人程従えて行動するのが普通だ。しかし、セガワ事務所の社員は私一人である。車での送迎、現場でのお世話、対処等、仕事は多い。私にできるのだろうか……。

車で撮影所に到着した。雨脚は更に強くなっていた。私は運転席から降り、後部座席から降りるちあきさんに雨が掛からないように、傘を広げ差し出した。リハーサル室までは短い距離だったので、私は、自分は少し位濡れてもいいと思い、傘をほとんどちあきさんの頭上に差して歩き始めた。するとちあきさんが傘を持つ私の手を握り、力を入れ、御自分の方へ引き寄せた感じがした。雨が掛かっているのかと思い、私は力を入れて傘をちあきさんの方へ持っていくと、押し返してこられるのだ。一瞬訳が分からなかったが、ちあきさんは私が濡れないようにと、気を遣って下さっていた。

まるで近松門左衛門の『曾根崎心中』での道行きのようだと思ったが、私の手を強く握られたのは、ちあきさんの「あなたは郷さんが採用した人間。私はあなたを信用します」とのメッセージだったと、今になって思っている。

リハーサル室に入ると、プロデューサーやディレクター、共演者等が次々とちあきさんに挨拶に来られる。ちあきさんは挨拶を返すと、

「マネージャーの古賀です」

と、郷さんと同じように私を紹介して下さった。

このような現場では、人が入り乱れ、誰が何を担当し、何の仕事をしているのかよく分からない。同じ空間を共有し、何日か経ってやっと、ああ、この人は誰彼の事務所の方だとか、大道具さんだ、照明さんだと分かってくる。特にタレントは、ちあきさんのように御本人自ら、マネージャーや付き人を紹介することなど少ないのではないだろうか。

この一言で、私は役者やスタッフに認知され、ちあきさんのお付きということもあり、皆さんによくしていただき、仕事がやりやすくなった。と同時に、現場で私の品行に問題があれば、「ちあきなおみ」の名前を傷付けてしまうことになると、自制の念を強くした。

ちあきさんがそこまで読まれてのことかは分からない。

ただ、ちあきさんから見れば、私など芸能界では子供同然であり、頼りにはならないし、

安心もできない。実際、随分と御迷惑もお掛けした。普通とは逆である。今思うのは、この時は、これから私を育てていこうという、親心だったのではないだろうか。ちあきさんは、そういう方なのだ。

撮影が始まると、時間は不規則になり、日常はなくなる。

特に主役ともなれば、出番と台詞は多い。ドラマの収録はシーン順に行われるのではなく、同じセットなら、そこで撮影できるシーンはほぼ撮ってしまい、合理的に進行する。役者は、このシーンはエピソードのどこの繋がりなのかを把握できていなければならない。しかも今回は二本撮りなので、違うエピソードも入り込んでくる。役の気持ちの切り替えや創り方など、常に集中力と緊張感を持続させなければならない。タイムスケジュールも、現場に早朝七時入りの八時開始、終了は二十六時（午前二時）を過ぎることもある。今日はスタジオ、明日はロケーション、時には同じ日に両方と、結構タイトで、過酷である。

私は現場マネージャー兼付き人として、撮影の進行具合を常に把握し、その状況をちあきさんに伝える。出番前や撮影中は本人から片時も目を離してはならない。今、ちあきさんが何を考え、求め、欲しているかを、目付きやちょっとした仕草で理解しなければならない。話す言葉の裏側やニュアンスを捉えられなければ務まらない仕事だ。

――と、私は意気込んでいたのだが、些か拍子抜けした。何故なら、ちあきさんはほとんど私に要求めいたことを仰らないのだ。郷さんから「ちあきは手がかからないよ」と言われていたものの、これ程までにとは予想していなかった。「手がかからない」というフレーズは、スターに付くマネージャーにとっては、「体重が五キロ位落ちる」を意味するからだ。

私が知っている範囲でも、自律神経をおかしくして入院した、このまま続けたら自分が死んでしまう等と言うスタッフの話は少なくない。

私が現場でやったことと言えば、自発的にメイク中のちあきさんにコーヒーを持って行ったり、少しの待ち時間に椅子を差し出したりした程度である。そうした時も、ちあきさんは静かにこう仰る。

「ありがとうございます」

元々、どこか気怠《けだる》く、ミステリアスな雰囲気はあるものの、ある日とても疲れた御様子なので、

「大丈夫ですか？」

と聞くと、

「大丈夫です」

と言われ、『喝采』で昭和四十七年に日本レコード大賞を受賞された当時は、疲れを通り越して、自分が今、何をやっているのかさえ把握できていなかったと話された。

「曲のイントロが聞こえてくると、自然と、ああ、歌わなければいけないと思う位。舞台袖で点滴を打ちながらやってました」

こんな具合に、実に興味深い色々なお話をして下さる。手がかかるのは、私の方だったの

だ。ちあきさんは、休憩時間は控室に籠り、一歩も外へ出ない。私が部屋の前で待機していると、わざわざ顔を出され、

「大丈夫ですよ。食事に行ってください。私は部屋にいますから」

と、声を掛けて下さる。私は本当にいいのだろうかと思いながら、開始時間前に戻って来るる旨を告げ、役者さんやスタッフと撮影所の食堂や外のレストランへ食事に行ったりした。

辺りを見廻すと、スタータレントには二、三人のスタッフが交代で付きっきりになっている。

私はよく、「付いてなくていいの？」と聞かれたものである。

有名になればなる程、錯覚し、勘違いしてゆくタレントが多い芸能界の中では、異質と言っても過言ではないだろう。決して驕らず自惚れず、一分の虚栄心もない。言い換えれば、
郷さんとちあきさんの人間性、徳というものを私は強く感じていた。

毎日撮影が終了すると、私は郷さんに「今から帰ります」と、電話連絡した。郷さんは、

「ご苦労さん」と必ず仰り、撮影終了が少しでも遅かったり深夜に及んだりした時は、翌日の私の出社時間を遅目にしたり、休みにしたりと、気を遣って下さった。

私は、郷さんとちあきさんの許で充実していた。

そして、御二人が大好きだった。


『黄昏のビギン』

十月、京成電鉄・スカイライナーのＣＭで、ちあきさんの歌う『黄昏のビギン』が流れ始

めた。同年七月に発表されたアルバム『すたんだーど・なんばー』の中からシングルカットされた楽曲である。今でこそ多くのアーティストにカバーされ、日本の名曲となっているが、この当時、既に初発表から三十年以上経過しており、まさに、ちあきさんの歌唱によって、新しく生まれ変わり、蘇ったのだ。

アルバム『すたんだーど・なんばー』は、他に『白い花の咲く頃』『東京の花売娘』『スタコイ東京』『ダンスパーティーの夜』『遠くへ行きたい』『星屑の街』『赤と黒のブルース』『黒い花びら』『宵待草』が収められており、昭和四十年代生まれの私でも、どこか懐かしく、日本の歌の良さを感じさせると同時に、現代と向き合い、後世にも語り継がれ、歌い継がれてゆくであろうと思われる一枚である。

私は事務所で仕事を終えると、よくこのアルバムに聴き入っていた。聴き終わると、また聴きたくなるのだ。理由なき涙が零れる。それはこの時から三十年近く経った今も変わることがない。時代を超越して、「ちあきなおみの歌」は偉大であり続けるだろう。

このアルバムのプロデューサーも郷さんである。

「郷さんは、大プロデューサーでした」

後年、ちあきさんは仰った。

「ちあきなおみ」をプロデュースできるのは、郷さんだけなのだ。

「鉄治のやつ、癌なんだよ」

宍戸錠さんがポツリと仰った。

私は、銀座セゾン劇場（現・閉館）の楽屋にお邪魔していた。

平成三年十月十三日から十一月二十四日まで公演された、『リリーとリリー』という黒柳徹子さん主演の舞台に、宍戸錠さんが出演されていたのだ。

お姉様から促されて、セガワ事務所入社の御挨拶に伺った。

郷さんを映画界へ引き入れたのも、後に郷さんとちあきさんを引き合わせたのも、宍戸錠さんである。昭和四十八年十一月から翌四十九年四月まで日本テレビで放送された、萩原健一さん主演の連続ドラマ『くるくるくるり』で、ちあきさんと夫婦役で共演されたのがきっかけとなり、ちあきさんを郷さんに紹介されたのだ。

「癌……」

私は突然拳銃を向けられたかのように凍りついたが、直ぐに我を取り戻した。現在の元気な郷さんの姿が頭の中を駆け巡ったからだ。

この前年、体調を崩され入院して手術を受けられたことは、郷さんの口から聞いていた。

多少の疑念を含みつつも、

「癌かもしれないからということで手術したが、どうも癌じゃなかったな。ここからここまで切ったんだよ」

と、胸元から背中に手を触れられた。

その口調は、「明らかに間違いだった」と思わせるニュアンスが含まれていた。現に郷さんは今、とても元気なのだ。もしも、癌だとしても、否、そんなことはない……。宍戸錠さんの前で、私は心の平静を失っていた。

「シーン㉕を、繰り上げて撮影するように言ってください」

早朝、撮影所へ向かう車の中で、ちあきさんは唐突に仰った。私は信号待ちの隙に、鞄から撮影の香盤表（俳優の名と出演する場面を表にしたもの）を取り出して、見た。

「ここですか？」

と、指し示すと、

「このシーンの次に撮れるはずです」

よく見ると、確かにおかしい。順番の変更はできないことではない。しかし、制作サイドが何らかの事情を考慮しての決定かもしれない。だが、ちあきさんは目を閉じ、取り付く島もない感じだ。

「分かりました」と答え、車を発進させた。虫の居所が悪いのだろうか。結構我儘なのかもしれない。私を試しているのだろうか。邪推してしまった。

撮影所に到着すると、すぐプロデューサーにその旨を伝えた。

順番は変わった。単なるミスだったのだ。

表立ってはそう見えないが、ちあきさんは仕事に対して常に完璧を期する方だ。準備段階から、少しでも疑問があればはっきりと言葉にされる。そしてそれが実に的を射ているのだ。私は傍にいて、感嘆させられることが多かった。

この日、撮影シーンの順番変更によって予定より早目のアップとなり、帰る途中、ちあきさんは漢方薬店へ寄られた。私は車の中で待機していたが、ガラス張りの店なので、店主と話し込まれているちあきさんの後姿をじっと見ていた。

「鋏治のやつ、癌なんだよ」

宍戸錠さんの言葉が頭の中を駆け巡る。

ちあきさんはあらゆる手段を尽くし、治癒への可能性を探っているのだろうか。それとも、藁にも縋る思いなのだろうか……。否、そのことではないのではないか……。

「郷さん、身体の調子が良くないんですよ」

ちあきさんが仰った。私は、プライベートな問題には立ち入ってはならないという己の掟を破り、

「病院へ連れて行きましょう」

と言うと、ちあきさんは、

「郷さん、嫌がって怒るから……」

と言われ、黙られた。明らかにそのことで苦悶されているのが分かった。

「僕なんか何もできませんが、何でも仰ってください」

「ありがとう。でも公私混同はいけませんから」

郷さんに、ちあきさんやお姉様がどのように病気のことを告げられていたのかは、はっきり分からないが、事実は伏せられていたと思われる。癌の本人への告知の是非は、状況や進行具合によっても異なると思う。しかも、三十年近くも前のことだ。現在とは医療の状況や時代も違う。


もしかしたら、郷さんの癌は末期なのだろうか。

ちあきさんは郷さんに「嘘」をついている。

しかし、既に打つ手がないのなら、嘘をつかなければ嘘なのだ。

郷さんはどう受け止めているのだろう……お姉様に、「古賀に余計なことは言うな」と釘を刺されていることを私は知っていた。ちあきさんにしても、私がある程度のことは知っていると、薄々御存知だったと思う。私はこの微妙で曖昧な状況を心得てはいたものの、不安に駆られ、無理にでも打ち消そうと、せめてこの「微妙で曖昧な状況」がいつまでも続けばいいと、自分に都合良く言い聞かせた。

しかし、事態は深刻だったのだ。ちあきさんはある程度の覚悟をされていて、何よりも、時間を求めていたのかもしれない。少しでも早く、郷さんの許へ帰りたい……少しでも長く、郷さんと時を過ごしたい……との思いが強かったのだと思う。


撮影中は、美川憲一さんと御一緒するシーンが多かった。「タンスにゴン」のＣＭでも多く共演されていて、よくお話をされていた。

後年知ったが、ちあきさんは美川憲一さんには、郷さんの病気のことを打ち明けていた。

ある日、二人が話されている時、私は横にいて、会話が耳に入ってきた。美川さんが、

「あなたステージでライトを浴びて歌っている時、幸せだと思わないの？」

ちあきさんは首を横に振って、

「早く帰りたいと思う」

撮影を終え、帰る時のちあきさんは、これからパーティーにでも行くかのように、楽し気な様子だった。ある時、検問に引っ掛かった。かなり突っ込んでの検問だったので、私は車検証を見せ、運転席から降り、後ろのトランクを開けたりしていると、少し焦《じ》れたのか、ちあきさんが後部座席から顔を見せられた。警察官は、

「ああ、ちあきなおみさん」

直ぐに解放された。ちあきさんは一分一秒を惜しまれていたのだ。

『虹が出た！』の撮影が全て終了した。私は束の間、事務所での勤務に戻った。

ある日、郷さんのお姉様と昼食を御一緒した。お姉様はセガワ事務所の取締役でもあったので、私は職務だけでなく礼儀に至るまで、様々な指導を受けていた。そして、郷さんとちあきさんの足跡、所謂、会社の歴史等も教えていただいた。

「どうですか？」

私は、セガワ事務所に入社して、自分の世界がひとまわり大きくなり、その世界の中心には、郷さんとちあきさんが圧倒的な存在感で君臨していたが、

「まだよく分かりません」

と、心の中の動揺を包み隠して返事をした。

お姉様は、そんな心の内を見破られたのだろうか、

「郷さんが癌でも、仕事を続けてくれる気はある?」

もはや既成事実だった。お姉様は、話に手加減を加えない。

「二人は、お互いが全てなの。仕事もそうだけど、夫婦であり、兄妹であり、親子でもあるの」

深く納得する以上にやるせなく、私は逃げ出したかった。御二人を見ているだけで、私は幸せと喜びを感じていたので、この禍々しい現実と対立して心が痛むのだ。あまりにも無慈悲な対照……。

そして私は、ちあきさんの毅然とした態度を顧みて、その秘めたる胸の内を思った。

なんだか寂しい……。

そうだ、これは歌なのだ。

「哀しい歌が好き」と、ちあきさんは仰っていた。

まるで夜霧が私の心を霞ませるように、話の輪郭がぼやけてお姉様の言葉の意味を汲み取ることができない。

思いきり泣いてしまおうか……。しかし悲しみの感情を掻き立てることができず、込み上げてきたのは憤りだった。

「郷さんが死ぬはずないですよ！」

思わず、口を衝いて出た。

「そうよ！」

希望というものは自分勝手に独歩するものだ。それでもいい。

しかし、私にできるのは、郷さんとちあきさんを見ていることだけだった。

第二章　舞台

「いつか、マイクを通さない生声のステージを
やってみたい」

郷さんと

平成三年十月、アルバム『百花繚乱』がリリースされ、収録曲より『紅い花』がシングルカットされた。

郷さんは通常、コレドに常駐されているが、まだ右も左も分からない私のために、毎日事務所へ来られた。仕事のオファーの受け方、対応等、事細かく御指導いただいていた。

私は年末から新年に数多く開催されるディナーショーのプロモーター、ホテル側との交渉を任されるようになっていた。

相変わらず電話対応に追われる中、郷さんは十一月十九日より二週間、東京グローブ座で公演される、ちあきさん主演の舞台『ソングデイズ』の台本をチェックされていた。台本と言っても、この時点ではまだ決定稿ではなく、準備稿がファックスで流れてくるのだ。郷さんは真剣な表情で読み、ペンで赤線を入れたり、メモを取ったりしている。そして頻繁にこの舞台のプロデューサーと電話でやり取りされていた。

私は仕事をしながらそのやり取りを聞いていたが、郷さんは、ちあきさんの台詞のみならず、物語の時代背景や構成、登場人物の台詞等、全体を視野に入れ意見されていた。すると修正された箇所がすぐに流れてくる。それをチェックし、ダメ出しをする、という繰り返しだった。そこに一分の妥協もない。まさに真剣勝負である。

「まず台本を貰ったら、自分の役がこの物語の中でどういう役割を担っているのかを考える。そして作品の中でどう生きるか、どう呼吸するかを探ってゆく」

以前、映画での役の創り方に対する私の質問に、郷さんはこう答えられた。俳優としての作品への入り方の造詣も深いものがおありなので、全ての土台となる脚本を見る眼は鷹のように鋭い。生半可なことは、郷さんには通用しないのだ。

一度、私の緊張を解《ほぐ》そうとして下さったのか、

「ちょっと付き合ってくれ」

と、車で渋谷へ向かった。行先は西武百貨店だ。駐車場に車を止め、私は先を歩く郷さんに付いて行ったのだが、その歩き方、後姿、背中が何とも言えず、映画の中のワンシーンのようだった。

郷さんは一直線に紳士服売場へ行き、「アルマーニ」のスラックスを試着し、三本オーダーされた。時間にして百貨店に入ってから十分も経過していない。私は、これが男の買い物だと思った。そして無言で最上階のレストラン街へ向かい、そこでビーフシチューを御馳走していただいた。恐縮していると、

「遠慮なんかしなくてもいいから食べなさい」

言葉は少ないが、温かい気持ちが伝わってきた。そして、

「ちあきの現場では堂々としていなさい。ちあきに付いている君は偉いんだぞ」

勿論、傲慢に振る舞えということではない。「ちあきなおみ」という名前をしっかりと意識しろという意味だ。さらに、少しでも私を鼓舞しようと思われたのか、

「ちあきが、今まで付いた人間の中で君が一番いいと言ってるよ」

本当に優しい方なのだ。この言葉があったからこそ、私は続けることができたのだと思う。

帰り道、郷さんのナビゲートで車を走らせていると、

「ちょっと止めてくれ」

そこは郷さんのお母様が眠るお寺だった。この年、平成三年五月、お母様は逝去されていた。

「俺は五人兄弟の中で、一番親不孝で、一番心配かけたんだ」

私は、ヤンチャで悪ガキだった郷さんを想像してニヤニヤしていた。

「結婚前、鉄治が一人暮らしをしていた頃、部屋は散らかしっ放しで、風呂は空焚きするわ、電気やガスもつけたままのことが多かったから心配だった」

お母様がそう仰っていたと、私は母から聞いたことを思い出していた。郷さんはお母様のお墓の前に立ち、私を横に少し照れた御様子で、

「母ちゃん、なかなか来れなくてごめんね」

とだけ言って、そそくさとお寺を後にされた。兄弟の中で一番親思い、と私は感じた。

当時、私は車の運転に不慣れだったので、郷さんによく御指導いただいていた。特にちあ

きさんを乗せている時は、ブレーキやアクセルの踏み方に至るまで注意すること、そして御自分の体験を例に出して話して下さった。

「若い頃、粋がって女の子を横に乗せて走っていたら、突然上から人がボンネットの上に降ってきたんだよ。前を走ってた車に撥ね飛ばされたんだ。あの時は驚いて、ブルブル身体が震えたよ。車の事故は起こそうとして起きるのではなく、起こってしまうもので、注意していても巻き込まれることもあるので気をつけなさい」

駐車場での車庫入れの際、私は事務所の車の後部を壁にぶつけてしまった。大した傷でもなかったので放置していたのだが、郷さんは御見通しだった。

「ぶつかったんでしょうか?」

と、惚《とぼ》けて答えると、

「ぶつけたんだろう。俺はそんなこと怒りはしない。だけど嘘は駄目だぞ!」

私は自分の軽薄さを、郷さんと接することによって数多く反省させられた。

「埃が多くてな。引っ越すことにしたよ」

郷さんとちあきさんの住居は、広尾にある高級マンションだ。場所柄、外国人も多く住んでいる。ちあきさんの送迎の際、エントランスまでは入っていたが、部屋は見たことがなかった。幸いにも少しお手伝いをすることになり、家の中へ入れていただいた。

まず驚いたのは、玄関が、当時私が住んでいた部屋よりも大きいのだ。そしてスタンドハンガーの上部には、ソフト帽が引っ掛けてあった。まるで外国映画のようだと感動しながらリビングへ入ると、その部屋の広さに立ち眩《くら》みがした。

私は荷物を段ボールに詰めながら、夢見心地であたりを見廻していた。

「窓を少し開けるだけで、すぐ埃が入ってくるんだよ」

郷さんは指で棚を触り、示された。引っ越し業者の作業員に飲み物を買ってきて、

「喉渇いたでしょう。どうぞ飲んでください」

気遣いを忘れることもない。郷さんの組んだ工程通り、短時間で作業は終了した。何事も早いのだ。ちあきさんは黙々と荷物をまとめられていたが、この引っ越しには、やや御不満だった節がある。

「郷さんがどんどん決めちゃうから」と、よく仰っていた。

新居は、ベランダから野球グラウンドが見渡せ、日当たりもいい。しかし、コレドや事務所、明治屋やナショナルといったスーパーマーケットにはやや遠い。郷さんは「有栖川公園を散歩しながら通える」と仰っていた。

私はマンションの駐車場を確認した。地下で立体式だった。車を乗り入れ、ターンテーブルで回転させて車庫に入れるというスタイルなので、若干時間も掛かる。

「駐車場が面倒だな。シャッターが開くのも遅いし。そう思うだろ！」

御自分で決めておきながらそう言われる郷さんが面白く、神様のようでありながら、より人間的な部分もあるのだと、その魅力に惹きつけられた。後年、ちあきさんは言っていた。

「体調が良くなかったから、郷さんは早く決めたかったんです」

それでも郷さんは、この後も精力的に仕事をこなしてゆくのだ。


『夜も一生けんめい。』


舞台『ソングデイズ』のプロモーションのため、ちあきさんは幾つかのバラエティー番組に出演された。中でも印象深いのは、日本テレビで放送されていた『夜も一生けんめい。』である。この時は、逸見政孝さん、美川憲一さん、杉本彩さんが司会をされており、他の番組と違って、トークの他に数曲歌わなければならなかった。出演者全員で、メドレー形式で歌うシーンもあり、持ち歌以外の歌も披露しなければならない。

打ち合わせはコレドで行われ、私も同席させていただいた。ちあきさんの魅力を最大限引き出そうという関係者の熱意が充満していた。傍から見れば、ちあきさんはこういう席ではあまり真剣そうに見受けられない。笑いながら、

「そんなことできませんよ～」

「私、できるかしら～」

と、連発されるのだ。郷さんもちあきさんに、「やってみろ」と、笑いながら仰る。

このような場合は、「お手のもの」なのだ。

本番当日のリハーサル前、スタジオに元フジテレビプロデューサーで、ちあきさんの芸名の元にもなった、千秋与四夫《せんしゅうよしお》さんがお見えになった。久しぶりの再会に、ちあきさんは本当

に嬉しそうだった。千秋さんは令和元年末、逝去された。

本番。トークコーナーでは、美川憲一さんがちあきさんに、

「仕事断らずにもっとやりなさい。あなた、随分と御主人が悪者になってるわよ」

と振られると、

「可哀想に。断ってるのは私」

瞬時に返し、周りを爆笑の渦に巻き込む。私はこのやり取りをモニターで見ながら、電話でよく出演オファーを断っている郷さんの姿が目に浮かび、可笑しくて笑いを堪えられなかった。

「あまり出ると飽きられる」

と、郷さんとちあきさんは仰っていた。余裕である。

「家で何しているんですか？」

逸見政孝さんが聞くと、

「洗濯機が回るのをぼうっと見てます」

大爆笑だ。

「気怠い雰囲気はそういうところからくるんですね」

と、杉本彩さんも笑いながら感想を述べられる。

ちあきさんのトークは本当に面白かった。その間《ま》といい、振舞いといい、歌っている時の「大人の女性」というイメージとは正反対で、視聴者からの反響も大きかったようだ。

そして歌のコーナーでは、『ビー・バップ・ア・ルーラ』をノリノリで披露した。これが衝撃的で凄かった。当時私は、ちあきさんとロックというのは対極にあるものだと思っていたので、その圧巻としか表現しようのないパフォーマンスに度肝を抜かれた。意識的なのか無意識なのか、観る側を惹きつけ、想像を遥かに超えさせ、毒と言ってもいい程の香りを撒き散らして魅了し、人を抜き差しならない状況に追い込む事件を引き起こしてしまうのだ。

後日、『ソングデイズ』の稽古場の駐車場で、偶然にも安岡力也さんにお会いした時、

「観たよ、『夜も一生けんめい。』。ちあきさん凄かったねえ」

と、感想を仰っていた。

収録後、楽屋に関係者が押しかけ、そのパフォーマンスを絶賛する中、ちあきさんは何故か自嘲気味に俯かれていた。天才の胸の内は、誰にも分からない。

私はこの収録で、様々な楽曲を歌いこなすちあきさんの前には、歌のジャンルなど意味をなさないのではないだろうか、と思った。

そして、『ソングデイズ』の稽古中、私にとって人生最大の事件が起こる。

稽古場で

『ソングデイズ』は、戦後間もない頃の日本を舞台に、そこに生きる様々な人間の心を描いた、歌と芝居で構成された作品である。『カルメン』をモチーフとした、夜を生きる女を演じるちあきさんの歌で物語は進行してゆく。

演出は栗山民也さん。共演者は、藤木孝さん、坂本あきらさん、鷲尾真知子さん、中西良太さん等だ。プロデューサーは、石渡紫晶《いしわたしあき》さん。演劇制作会社「オフィスぱれいど」の代表兼プロデューサーで、俳優の萩原聖人さんのお母様でもある方だ。

ちあきさんの稽古初日、藤木孝さんがこう仰った。

「今回の舞台で私が唯一楽しみにしているのは、ちあきなおみの歌が生で聴けること」

藤木さんは、歌手として活躍された後、役者に転身され、ミュージカル等の舞台では神様のような方だ。私は、上手く主役を持ち上げる方だな、と思っていたのだが。

郷さんは、この『ソングデイズ』にかなり入れ込まれていた。稽古にはほぼ同行され、稽古場でもプロデューサーや演出家と熱心に議論されていた。しかし、この頃から徐々に体調に変化が見られていた。

ある日、稽古場へ向かう車の中で、ちあきさんが郷さんに、

「病院はいつ行くんですか？　明日？　明後日？」

と、珍しく些か攻撃的な口調で言われた。

そうならざるを得ない程、郷さんの身体は深刻な状況なのだろうか……私は郷さんを見ていて、快方に向かっているのだと思う位に活動的なので、半ば意外だった。車中は重々しい空気に包まれた。

「行く行くと言って、全然行かないじゃないですか！」

ちあきさんの懇願に、郷さんが応じないのだろうと分かった。病院嫌いということもある

し、もう無理だという段階までは堪える、という覚悟だったのだろう。『ソングデイズ』を控え、こんなこと位で、との気迫が勝っていたのではないだろうか。

どなたかの紹介で、ちあきさんが御自宅に鍼灸の先生を招かれたとかで、郷さんがそのことを知り、

「何で勝手にそんなことするんだ！」

と怒ったこともあった。敢えて現実を直視しない観のあった郷さんだが、ちあきさんは心中穏やかでいられないのだ。

涙にして流し、拭い去ることのできない事実……。

この頃、郷さんの生命は、一歩一歩破滅へと歩み寄っていたのだ。ちあきさんしか知り得なかった真実。しかし、底知れぬ闇に突き落とされてゆきながらも、諦めず、一条の光を求めずにはいられない。

心に影を落とし続ける不安、恐れを感じつつも、ちあきさんは稽古に邁進された。

稽古場では、私は常に郷さんの後ろに控えていた。今でも目に焼き付いて離れないのは、郷さんが背中を手で押さえ、じっと痛みを耐えている姿だ。周りに悟られぬよう、目を閉じ、身動きひとつしない。何という精神力だろう。後に知ったのだが、

「稽古場でちあきの姿を見ていた方が、痛みが和らぐ」

と仰っていたそうだ。

郷さんにとって、ちあきさんは生命の源だった。

楽しいことも数多くあった。

その日郷さんは所用があり、稽古場へは同行されないことになっていたのだが、何とか間に合う運びとなった。郷さんと示し合わせて、ちあきさんをびっくりさせようということになった。いつものように御自宅へちあきさんを迎えに行き、車を走らせた。

「今日は郷さん行かないんですか？」

と、惚けて聞いたりしているうちに、約束の場所が近づいてくる。郷さんの姿が見えてきた。都合よく信号は赤だ。私が車を止めると、いきなり郷さんがちあきさんの横に乗り込んできた。ちあきさんは突然扉が開いて何者かが乗り込んできたことに驚愕された。

「約束してたの？　ほんとにもう……」

大成功だった。

稽古場でもこんなことがあった。通常役者は稽古中、動きやすい服装をし、靴もスニーカー等に履き替えるのだが、スタッフや関係者はスリッパを履くことになっていた。しかし数多くの人間が出たり入ったりするため、足元はさして人の注意を引かない。

ある日、ちあきさんは、郷さんがそのまま稽古場に入っていたので、

「ちょっと郷さん、土足はダメじゃないですか！」

郷さんは辺りを見廻してそのことに気が付かれたのだが、泰然自若として、

「いいんだ。どうせ俺はやくざ者だからな」

と、映画の台詞のように、冗談めかして答えられた。私が後ろで大笑いしていると、ちあきさんは尚、

「ダメですよ。ちゃんと履き替えないと！」

まるで母親に怒られているような郷さんがとても可笑しかった。


稽古の後、郷さんとちあきさんも出席され、近くのレストランで懇親会が行われた。御二人でこういう席に顔を出されることは本当に珍しい。プロデューサーの石渡さんはじめ、藤木孝さん、中西良太さん等と私も御一緒した。ムードメーカーは藤木さんで、場を盛り上げて下さり、本当に楽しいひと時だった。

藤木さんは郷さんと映画で共演されたことがあり、その時はオートバイで連れ立って走るシーンの撮影だったそうだ。運転に不慣れな藤木さんを心配して、郷さんは走っては振り返り、走っては振り返りしながら、

「藤木さん大丈夫かなと、演技どころじゃなかったよ」

と、思い出を話されていた。帰り際、ちあきさんは店主からサインを求められた。よく聞くと、店主は日活アクション映画のファンでもあり、郷さんのサインも欲しいと仰った。そこで一枚の色紙に御二人のサインをすることとなった。まずちあきさんがサインされた。そして郷さんに色紙を渡されたのだが、郷さんは一瞬手を止め、

「忘れちゃったよ」

照れながらサインされた。

怒られたことも多い。

稽古場へ向かう時間は夕方が多く、ちょうど道路が混み合って渋滞となり、車に乗っているだけでストレスが溜まってくる。ちあきさんに余計な感情を持たせてはいけない。郷さんは途中で私と代わり、見本運転をされた。ちょっとした注意や機転で、よりスムーズに車は進むものだ。この御指導で、私は本当に運転が上達した。

「俺も君と同じでおっとりタイプだから分かるが、状況や場に合わせて動きなさい」

のんびり屋の私は、今も時折、この時の郷さんの声が聞こえる。

ある日、レコード会社の担当者から私に連絡がほしいとの伝言があった。当時、携帯電話はまだ一般に普及しておらず、稽古場近くの公衆電話から連絡をした。用件は、ちあきさんが出演予定の歌番組に関する件で、それも歌の音域（キー）のことだった。私は愚かにも、大丈夫だろうという勝手な判断で了承してしまった。これには郷さんにも、ちあきさんにも怒られた。しかし御二人共に、後で、まだ右も左も分からぬ私に聞く方が間違っているのだ、と許して下さった。仕事にいい加減は許されない。

仕事が散漫になり、おざなりになりそうな時、私はいつもこのことを思い起こす。

『ソングデイズ』の稽古は中盤を越えていた。

物語の主要人物を演じる俳優が突然降板した。郷さんもちあきさんも、その俳優には一目置いていたこともあり残念がられていたが、ある程度の予想はされていたようだ。稽古場への行き帰り、車中でその俳優を絶賛されていたが、この『ソングデイズ』では力量を発揮できない、と仰っていた。

言ってしまえば、この舞台に於ける観客は、全てちあきさんの歌に集中してしまうからだ。それは素人の私から見ても、火を見るよりも明らかだった。「もう楽しんじゃえ」と思わなければ、俳優としての矜持が崩れてしまうという位に、ちあきさんの歌が舞台をかっさらってしまうのだ。藤木孝さんが仰ったことは、もっともなのだ。

急遽、代役が立てられた。中嶋しゅうさんだった。キャストの鷲尾真知子さんが、「一緒の家から来てます」と、挨拶された。

中嶋しゅうさんは、本当に役者を感じさせる素晴らしい方で、飾らず、明るく、気さくで、その場の雰囲気をいつも明るく照らす太陽のような方だった。舞台でも生き生きと役を演じ、代役を完全に超えられた。

中嶋しゅうさんは、平成二十九年、出演舞台の上演中に亡くなられてしまった。

衝撃の「生歌声」

ドラマのリハーサルでもそうなのだが、ちあきさんはある段階に至るまでは、あまり台詞等に感情を込めないように見受けられた。御自分なりのセオリーがおありなのだと思われるが、この舞台、『ソングデイズ』での稽古もそのように進められていた。

特に歌唱シーンはちあきさんの領域だ。芝居中の歌、共演者も関わるシーンに於ける、

『家へおいでよ』や『買物ブギ』等は合わせていたが、最大のクライマックスシーンに於ける、『朝日のあたる家』『麦と兵隊』の歌唱シーンは素通りで稽古は進められていた。

ちあきさんの中で何かが動き出したのだろうか、稽古で初めて歌うことになった。

バイオリン奏者の金子飛鳥さん、ピアニストの板橋文夫さんも稽古場に入られた。共演者やスタッフの皆さんも、いつ、ちあきさんがこの二曲を歌うのかと、暗黙の楽しみとなっていたのだ。そして、とうとうその時がやってきた。稽古場全体に緊張感が走る……。

『朝日のあたる家』だ。

「あたしが着いたのは　ニューオリンズの　朝日楼という名の　女郎屋だった」

ちあきさんが歌い始めたその刹那、稽古場は凍りついた。その衝撃は名状し難い。これだけは体験した人間でなければ分からないとしか言いようがないが、歌が真っ直ぐに、ストレートパンチの如く入って来る。心にではなく、まず神経に響いてくる。そして麻痺させられ、我を失う。口をポカーンと開けた状態で、とにかく聴き入るのではなく、見入ることしかできない。しかし、あまりのショックに見続けることもできず、それなのに目を逸らすこともできない。歌うちあきさんの前に、無理矢理に煙幕を張り、その向こう側のちあきさんを見ている感じである。

普通、歌というものはどちらかと言えば、脇から入って来るものではないだろうか。歌詞やメロディーラインに、自分の思い出や現在の心境等がオーバーラップして思いを馳せたり、一緒に口ずさんだり、身体が自然に揺れたり、と。しかし、そのような余裕は全くないのだ。

しかもこの時、マイクは通していないので、まさに生歌である。比喩するなら、まるで真剣で身体を真っ二つに斬られた感覚、と表現すればいいだろうか。

ちあきさんがふと、仰ったことがある。

「いつか、マイクを通さない生声のステージをやってみたい」

どうすればいい。私はこの、人生最大の「事件」を前に、全身が小刻みに震え出し、泣けてきた。もはや歌詞は何処か彼方へ姿を消している……。

煙幕が神上がる。

歌うちあきさんから、魂の気配が漂っている。魂でしか、それを見ることはできない。

「ちあきなおみ」の歌は、化身だった。

開幕すると、このシーンは心の中に永遠となった。至る所からすすり泣きが聞こえ、スタッフも作業を行いながら泣いていた。真の歌とは、こういうものなのだろう。

真剣勝負

『ソングデイズ』の幕が開いた。

芝居は公演が始まると、演出家の手を離れ独り歩きを始める。そしてまるで生き物のように、その日その時に於いて姿形を変える。演出家の仕事とは、八割が諦めることである、と聞いたことがある。

しかし、郷さんは諦めなかった。

体調の許す限り、本番にも同行され、常に客席から舞台を凝視されていた。ある日、舞台上の音声トラブルにより、一時公演が中断するというハプニングもあったが、予定通り日を重ねていた。

開演前、郷さんと二人で劇場周りを散歩したことがある。郷さんはＪＲ新大久保駅の売店でピーナッツを買われ、食べ歩きをした。時々私にも分けて下さりながら、自分だったらこうすると、舞台公演の興行論を聞かせていただいた。理路整然と話され、やはり表裏どちらも経験されている人間ならではの論理だった。

郷さんは出演する若手俳優にも激励の声を掛けられ、公演を忍耐強く見守っていた。しかし、公演中盤を過ぎた頃、堪忍袋の緒が切れた。

本番前も稽古場や事務所で、演出家の栗山民也さんとディスカッションが行われていたが、どうしても納得できない箇所があったのだ。それはマネージャーが担当のタレントに少しでもスポットを当てようとする利己的な行為ではなく、あくまでも芝居全体を考慮しての意見である。このまま改善されることなく続ければ、「作品」「出演者」「スタッフ」の致命傷にもなり兼ねない。そして最も大きな傷を負うのは「ちあきなおみ」なのだ。

終演後、楽屋でプロデューサーの石渡さん、郷さん、ちあきさんとで話し合いがもたれた。栗山民也さんも、日生劇場で公演される東山紀之さん主演の、『バルセロナ物語』のリハーサル中だったが、急遽駆けつけて来られた。

郷さんの怒声が、扉の向こうから響き渡ってくる。私は門番のように楽屋口に立っていたが、室内からはただならぬ様子が伝わってくる。スタッフも心配して「大丈夫?」と私に声を掛けてくる位だ。

そんな中、『紅い花』の作詞家でもあり、テレビ番組等の構成作家でもある松原史明先生が現れた。ちょうどこの日の公演を観に来られていたのだ。

松原先生は、郷さん、ちあきさんとの付き合いが古く長く、御二人の在り方をよく理解されていらっしゃる方だ。私もよく叱咤激励を受けており、何かあれば相談していた。私はへどもどしながら、

「大丈夫でしょうか?」と問うと、全てを察知した御様子で、

「大丈夫だよ」と仰り、帰って行かれた。

劇場の退館時間が迫ってきた。まだ話し合いは続いているが、私はその旨を伝えるため、そっと扉をノックして開けた。目に飛び込んできたのは、泣きながら崩れ落ちる石渡さんを、抱き起こそうとしている郷さんとちあきさんの姿だった。郷さんは、

「俺もちあきも、あなたが大好きなんだ。だから言いたくないことも言うんです。それは分かってほしい」

良質な作品を創ろうとする思い、それは真剣勝負なのだ。そして、愛情なのだ。

「大きな声を出してごめんなさい。どうぞ頭を上げてください」

郷さんは、生ぬるい関係を潔しとせず、石渡さんがプロデューサーとして愛する「ちあきなおみ」が、この舞台に立つということがどういうことなのか、問うたのだと思う。

本来、郷さんは、人当たりが良く、優し過ぎる程優しい方だ。時には厳しい言葉もあるが、その裏側には相手を思いやる誠意が存在する。映画界では悪役スターとして他の追随を許さぬ個性を誇り、ハリウッド映画にまで出演された方だけに、その風貌は野生の狼のような凶暴さを漂わせていた。周りのスタッフの方達にも、「怖くない？」とよく聞かれたが、私は郷さんのような、本当の優しさを持っている人間には未だに出逢ったことはない。

しかし、「ちあきなおみ」を護る郷さんは、鬼だった。

レコード会社との契約更改時や打ち合わせ時では、机をひっくり返すこともあったと聞いた。それは暴力的という一元的なものではなく、権謀術数をも弄する芸能界に於いて、「ちあきなおみ」というアーティストに、かすり傷ひとつ負わせることを許さず、鉄の扉として立ちはだかり、全身全霊で風を受け止めたのだ。

その鬼神を、私は間もなく見ることとなる。

バックステージ

『ソングデイズ』の公演はその後、順調に進んだ。

私は本番中、常にちあきさんから目を離さないが、ちあきさんは舞台袖でスタンバイされている時も、若手俳優にまで気遣いをされていた。声を掛けられたり、汗が吹き出している時にはティッシュを差し出されたり。

厳しく辛い稽古から本番へと突入し、まだまだ自信が持てない彼等にとって、郷さんとちあきさんの心配りは、どれ程励みとなったことだろうと思う。

公演も終盤に入った。ある日の終演後、車での帰宅途中、郷さんが突然、「ラーメン喰おう」と仰った。前方に、屋台が見えてくる。私は慌てて車を止め、中で待機しようとしていると、

「何やってるんだ、行くぞ」

「私も御一緒していいんですか？」

「勿論だよ」

郷さんとちあきさんと、私は屋台のラーメンを立ち食いした。

ラーメンをすすりながら御二人を見ると、何とも不思議な気分だった。

私にとっては、映画のスクリーンの中の人である郷さん、そして大スターのちあきさんと一緒にラーメンを食べている自分。

緊張のあまり味は覚えていないが、この光景は忘れられない一コマである。

この公演の稽古や本番中、ちあきさんは新聞や演劇雑誌の取材を受けられた。ゲラ刷りや記事が上がってくると、私は真っ先に郷さんに渡す。郷さんはさも興味なさそうに脇へ置くのだが、しばらくして目をやると、これ以上ないという位、真剣に読んでいた。

劇場の廊下で郷さんと話をしている時、唐突に、

「ウイスキーのＣＭの話がきてるんだよ」

と、仰ったことがある。私はちあきさんには『虹が出た！』のような、庶民的なイメージ

もあるが、ウイスキーを飲む大人の女性、といったイメージも感じていたので、ＣＭの着想や個人的な意見をああだこうだと、立板に水を流すかのように述べると、郷さんは頷きながら、本当に嬉しそうに聞いて下さった。

「ちあきのマネージャーというのは、夢のある仕事なんだぞ」

郷さんの言葉の意味を、私は自分自身に重ね合わせてみたいという欲望が芽生え始めていた。そして、御二人の足跡、その印が、僅かに見え始めていた。

この時期のエピソードは、書き尽くすのが困難なほど沢山ある。

石渡さんの御子息である萩原聖人さんが楽屋においでになったり、郷さんの盟友でもある俳優の浜田晃さんが駆けつけて下さったりした。

テレビ局のプロデューサーの方に、劇場ロビーで独立の相談を受ける郷さん……。

終演を惜しむかのように、若手俳優やスタッフからサイン責めにあうちあきさん……。

できることなら、この「時」から離れたくなかった。

正直、私はこの公演が終わったら辞職するつもりだった。

これ以上、御二人を見ていることが怖かった。まだ今なら、自分の心に何の痕跡も残さずに済むのかもしれない。目を逸らせばいい。しかし、日々、郷さん、ちあきさんと接していると、目を凝らして見ていたい、との思いに抗えなくなってきたのだ。

第三章　光陰

「私にはどうしても『喝采』のイメージが
あるから……」

『ソングデイズ』打ち上げの席で

『ソングデイズ』全公演が幕を下ろした。私は些か感傷的になっていた。

稽古、本番と約一か月半、共演者、スタッフと共に同じ空間を共有し、山あり谷ありの中、まるで運命共同体として時を走り抜け、生きた。しかし、時は無関心に、無感動に、そして残酷に過ぎてゆくものだ。誰も抗うことはできない。

郷さんは文字通り、「全力を出し尽くした」ように、公演終了後、身体に赤信号が点滅していた。そんな中、『ソングデイズ』の打ち上げパーティーが行われた。

私は郷さんとちあきさんの了承を得て、参加した。

パーティーはプロデューサーの石渡さんが経営されていた、「おしくらまんじゅう」というダイニングバーで行われ、役者、スタッフ他、大勢の方達で賑わいを見せた。

楽しい時間が経過したが、酔いもまわり始めた頃、共演役者の一人が突然私に詰め寄り、

「何故、主役のちあきなおみがここにいないんだ」

と絡んできた。周りの視線が一気に集中した。誰もが思っていたことを、代弁されたのだ。

私は言葉に窮した。私が参加しているのだから、今日は仕事ではないことは明らかだ。

「こんな席には参加できないということか？　馬鹿にしているのか！」

泥酔状態だが本音である。私は泣きたい程、この言葉の意味が理解できた。しかし、郷さんとちあきさんの現状を説明したところで、いったい何になろう。

「だから私がこうして参加しているじゃないですか！」

とは言えなかった。返答を聞こうと、尚も私に詰め寄るその役者を制したのは、藤木孝さんだった。

「郷さんが体調を崩されているんだよ。ちあきさんも看病で大変なんだ」

どこで聞かれたのか、藤木さんは御存知だった。そして私に、

「君、今日は本当によく来てくれたね。ありがとう」

と、言って下さった。

私は藤木さんを忘れることはない。

『スーパーステージ』

十二月中旬、翌年一月にテレビ東京で放送される『スーパーステージ』の収録が行われた。構成作家の松原史明先生の演出である。

松原先生は「歌手・ちあきなおみ」を知り尽くしており、この後、平成四年二月から始まったちあきさんのコンサート「それぞれの愛」の構成・演出も手掛けられた。

番組の構成は、ちあきさんのヒットメドレーの他、チョー・ヨンピルさんとの共演、そし

て目玉企画が、民謡歌手の伊藤多喜雄さんとの『ダンチョネ節』のコラボレーションだった。郷さんもちあきさんも、伊藤多喜雄さんの大ファンで、企画・打ち合わせ段階から楽しみにされている御様子だった。が、ちあきさんは例によって、

「私、できるかしら……」

郷さんも「ちあきなおみ」のプロデューサーとして、何としても実現させ、そして観たいと思われていた。このような番組の打ち合わせの時、いつも私が感じていたのは、ちあきさんは郷さんの内側、中にいるということ。郷さんの懐で、できるできない、是か非か、を模索されているように感じられた。

プロデュースする側とされる側に、全く隙間がなかった。

私は、打ち合わせの内容はさておき、この光景を傍で見ていることに幸せを感じていた。

収録の数日前、リハーサルが行われた。

ちあきさんが歌われると、松原先生は腕組みをし、目を閉じ、リハーサル室の中を歩きながら頭の中でシミュレーションをされている。そこに余計な言葉は一切ない。郷さんとちあきさん同様、演出家と演者との信頼について思いを馳せる光景だった。

収録は、朝からスタジオ入りし、丸一日を費やして行われた。

私は収録中、特製のはちみつドリンクや手鏡を手に、常にちあきさんから目を離すことはない。今は一人になりたいのだ、と感じる時は遠くに控え、状況により、タイミングを見計

らっては横に控えるという、付かず離れずの繰り返しだ。

歌を聴くのは私の仕事ではない。歌われている時も、ちあきさんを見ている。

しかし、どうしても、「ちあきなおみ」の歌は、私の中に入って来てしまうのだ。

『朝日のあたる家』の収録シーン。

ちあきさんが歌い始める。

今と言う時間も、やらなければならない仕事も、全てが歌声に奪われる。

そして、歌の彼方としか言いようのない世界へと誘われる。

それは歌の極致なのかもしれない。

素人の私にも、絶唱とは、こういうものなのだと理解できるのだ。

この時、編曲・指揮をされたのは、まだ二十代の服部隆之さんだった。

服部隆之さんは、この年、平成三年に発表されたちあきさんのアルバム『すたんだーど・なんばー』『百花繚乱』に於いて、『黄昏のビギン』をはじめ、多くの楽曲の編曲をされた。

そのストリングスの響きの豊かさは、聴く者の心を癒し、別世界へと導く。

ちあきさんの歌声と、服部隆之さんの奏でる演奏が、歌の情景を鮮明に心に映し出し、物語が動いてゆくのが見える。

しかし同時に、「ちあきなおみ」が前面に姿を現して来るのだ。

何故なのか……私の中に、疑問が残った。

伊藤多喜雄さんとの収録は最後に行われた。郷さんは通常、こういった番組収録には同行されないが、「これだけは観たい」と、体調の無理を押し、夜にスタジオに入り、じっと見入られていた。郷さんがいらっしゃることで私は安心でき、冷静にちあきさんと伊藤多喜雄さんの『ダンチョネ節（ロックアレンジ）』を拝見した。

私は再び疑問を感じていた。

何故、「ちあきなおみ」が民謡を歌っているのだろう……。

伊藤多喜雄さんの民謡は、和楽器と電子楽器を融合させ、より現代的に編曲した特異な表現方法だ。その革新的な在り方への共感なのだろうか……。

様々な考えが頭の中を巡ったが、ふと見ると、ちあきさんが生き生きとして、実に楽しそうに歌われている……私にはそう見えた。

考えるのはよそう。「下手の考え休むに似たり」だ。ただ、以前から感じていた、ちあきさんの前に、歌のジャンルなど意味をなさないのではないだろうか、との思いが確信に変わった。そして、歌への絶えざる挑戦。

帰りの車の中、郷さんは咳込みながら、しみじみとちあきさんに仰った。

「あなたは本当に凄い……君もそう思うだろ」

と、突然私に振られた。するとちあきさんが、

「はいって言うしかないじゃないねえ」

笑いながら助け舟を出してくれた。私は、

「凄いと思います」

「否、彼も本当にそう思っただろう、と思うよ」

郷さんは決してちあきさんを持ち上げているわけではない。心底そう思われているのだ。それだけは私にも分かったのだが、正直、「ちあきなおみの凄さ」については、当時、表面的な域でしか理解できていなかった。

ディナーショー

本格的に冬が到来した。息つく暇もなく、ディナーショーの仕事が始まる。所謂、営業という仕事だ。ちあきさんは、「歌手の命綱」と仰っていた。十二月後半から翌年春にかけて、十数本のステージが予定されている。

通常、ちあきさんの営業はバンドメンバー、音響・照明スタッフ合わせて十五名程度で行脚する。出演オファーを受け、こちら側の条件を満たせば決定し、同地区での公演を数本組み、泊りで回る。1ステージの日もあれば、2ステージの日もある。今回は中部・近畿・中国地区である。

私が初めての営業ということもあり、郷さんも同行された。

コレドの古くからのスタッフで、ピアニストでもある熊倉樹仁緒《じゅにお》さんも一緒だ。ちょっとした旅行気分になるが、私はちあきさんの衣装や、バンドの楽譜を両手に抱え、一行に付いてゆくだけで目一杯である。しかし新幹線や飛行機の中ではのんびりと過ごせ、電車の乗換時には、郷さんと駅のホームでその土地の名物を食べたりした。

泊まった温泉ホテルでは何度も湯に浸かったり、郷さんとちあきさんの部屋へお邪魔して食事を御一緒させていただいたりした。公演が終わると、熊倉さんやバンドメンバーと連れ立って飲みにも行った。

地方での営業はそういった楽しみもあるのだが、東京近郊での場合、私には車の運転という仕事がある。

一度、公演先のホテルまでの道が分からなくなったことがあった。当時はカーナビゲーションシステムなどなかったので、高速道路を下りて車を止め、地図を見ては走らせ、という繰り返しを経て、何とか時間通りに到着した。

車を降り、直ぐにちあきさんに謝った。当然である。郷さんにあれ程、ちあきさんに余計な神経を使わせてはいけない、と言われていたにもかかわらず、とんだ失態を演じてしまったのだ。失格である。しかしちあきさんは、

「時間通りに着いたからいいですよ」

と言われ、許して下さった。私はこれ以降、どんなに近場であっても、必ず前もって車で現地へ行き、時間を計り、確認をした。

当たり前の仕事なのだが、このことで、後に郷さんとちあきさんの優しさに触れた。

ステージは大体一時間である。当時、私は思った。一時間歌うだけで、高額なギャラを稼ぐなんて結構楽な商売だな、と。そしてその愚かな考えは見事に崩れ去る。

私の仕事はステージが始まれば、ある意味解放される。楽屋で帰る準備をしたり、主催者側に挨拶を済ませたりする。しかし、それ以外の時間は、舞台袖やパーテーションの隙間から、ちあきさんを目で追っている。

私はちあきさんの歌手としてのステージを観るのは初めてだった。そこには、御客様を手のひらに乗せ、酔わせ、笑わせ、感動させ、そして満足させる「ちあきなおみ」がいた。

プロであれば当然なのだが、ディナーショーはコンサートと違い、客席も近い。ちあきさんがステージを下り、客席を回って歌う場面もある。野球ではないが、御客様からどのような変化球を投げられるか予想がつかないのだ。実際にありとあらゆる掛け声が飛んでくる。ちあきさんは、そのひとつひとつを受け止め、まるで連歌師の如く下の句を繰り出して笑わせる。郷さんと二人で袖から見ていた時、ちあきさんのあまりの巧い返しに、顔を見合わせて大笑いしたこともある。例えば、

「美人！」

と声が掛かると、

「ありがとうございます。しっかり塗装工事してきました」

と、笑わせる。そして歌い、踊り、高い料金を払って観に来られた御客様を納得させるのだ。そして、また観たい、と思わせる。

ステージを終え、汗だくで舞台袖へ帰って来られるちあきさんに、私は心の中で謝った。

後年、このことをちあきさんに話すと、大笑いされていた。

『矢切の渡し』と『喝采』

ステージ中盤に、目玉コーナーがある。

『矢切の渡し』の歌唱前、ちあきさんが客席を回り、デュエット相手の男性客を探すのだが、この仕掛けが実に面白いのだ。

ちあきさんがその旨を伝えると、大体の男性客は顔を伏せ、何とか目が合わないようにされる。しかし運悪くちあきさんに指名され、覚悟を決め腹を括りなさい、とばかりに迫られると、決まって、「歌詞が分からないので」と、逃げ腰に身を引かれてしまう。しかし、ここまでは台本通りの伏線なのだ。ちあきさんも、

「歌詞が分からなければ歌えませんよねえ」

と、残念そうに返す。そこで、いつの間にかちあきさんの後ろにこっそり付いていた私が、ある色紙を手渡す。ちあきさんは受け取り、

「そう思って用意してきました」

とやるのだ。

色紙には『矢切の渡し』の歌詞が書き込まれている。ここで場内は大爆笑に包まれ、完全にでき上がる。

「連れて　逃げてよ〜」

ちあきさんが色気たっぷり、迫るように歌う。御客様は照れながらも、

「ついて　おいでよ〜」

と返され、ちあきさんの巧みなのせ方で、中盤にはいい気分になられて歌い、最後は拍手喝采となるのだ。

この『矢切の渡し』は、細川たかしさんが歌われて大ヒットし、多くの歌手によって競作された名曲だが、元々は、ちあきさんの持ち歌なのだ。私もそのことを知ったのは、セガワ事務所入社後だった。

作曲者の船村徹さんは、ちあきさんの歌唱がもっとも楽曲のイメージ通り、「手漕ぎの櫓である、と評された。

ちあきさんは、音符が読めない歌手は歌手ではない、と仰っていたが、船村徹さんは「ちあきなおみ」を評して、「音符の裏側が読める歌手」と仰った。

「ちあきなおみ」の『矢切の渡し』を聴くと、劇中の情緒が伝わってくる。


ステージ終盤、最後の曲は『喝采』だ。

通常、ディナーショーで歌う曲のセットリストは、ちあきさんが組まれる。ラストの曲は必ず『喝采』である。打ち合わせでは土地柄も含め、あらゆることを想定しながら決めていかれるのだが、いつもどことなく自嘲気味に、

「ラストは……『喝采』」と仰っていた。

私は、このセットリストが完成すると、バンド用の楽譜を準備したりと、余裕もなかったのであまり考えようとしなかったのだが、「ちあきなおみ」にとって、『喝采』とはどんな存在だったのだろうと、今、ふと思うことがある。

この『喝采』で、昭和四十七年、第十四回日本レコード大賞を受賞されたのはあまりにも有名であり、今現在に至るまでにも、多くのアーティストがこの曲を競うように歌っている。『喝采』の誕生秘話や、レコーディング風景の回顧等のテレビ番組もあった。

当時、私は何故か、ちあきさんに『喝采』のことを聞いてはいけないという、戒律めいたものを心に持っており、一切口にしなかった。それは御本人しか分かり得ない光と影、栄光と苦痛だと思っていたからだ。そこに足を踏み入れることはできないのだ。ちあきさんは、

「私にはどうしても『喝采』のイメージがあるから……」

と、よく仰っていた。『喝采』は「ちあきなおみ」にとって、超えることのできない歌と言えば、それは余りにも月並みな表現だろうか……。

どのような『喝采』があってもいい。今後も歌い継がれてゆく名曲であるのは間違いない。ただ、「ちあきなおみ」が歌う『喝采』は、歌の情景や物語がはっきりと見える。

苦い喜び

巡業中、私はとんだ失態を演じてしまった。

移動の際、乗り込んだタクシーのトランクに、バンド用の楽譜を積んでいた。運転手もそのことは知っているのだが、目的地に着き、私と熊倉さんが降りると、そのまま走り去ってしまったのだ。これには参ってしまった。公演は数時間後に迫っている。先に会場に到着されていた郷さんに直ぐ報告した。

「何やってるんだ！　どうするつもりだ！」

と、一喝された。完全に私の責任である。

「運転手には言ってあったんです！」

熊倉さんが私を庇ってくれた。しかし、降りる時にこちらから言うべきだったのだ。言い訳のしようもない。だが、私は郷さんに反発を感じた。理由も聞かずに怒鳴るなんて……。

運良く、運転手は直ぐに気付いて、楽譜は戻り、事無きを得た。しかし、私は何か腑に落ちない心持ちでその日の仕事をした。

公演が終わり、ロビーで熊倉さんと雑談していると、郷さんが来られた。

熊倉さんは郷さんに聞こえるように、

「古賀君、運転手が今日みたいに忘れたらどうにもならないから、これからは楽譜をトランクに入れるのは止めよう」

熊倉さんの優しさは有難かったが、もし楽譜が戻って来なければどうなっていたのか……ある程度はできたかもしれない。しかし、「ちあきなおみ」にある程度は許されないのだ。ワンステージ、ワンステージが命懸けなのだ。理由など関係ない。私は郷さんの前へ行き、

「今日は申し訳ありませんでした」
と言って、頭を下げた。郷さんは、
「……運転手が悪いんだ」
と言われ、許されることではないのに、許して下さった。

ある日、公演が終了し、全ての仕事を終えた私は、ホテルの部屋でやることもないので、喫茶室へ出向いた。ちょっとした日本庭園を併設した店で、席の横には川が流れ、鯉が泳いでいる。

コーヒーを飲みながら、何も考えず、ぼうっとした時間を過ごしていた。自分を取り巻く出来事から解放され、自由になれる至福の時間……。

嫌な予感がした。ふと、店の入り口に目をやると、郷さんが一人で入って来られた。先程、翌日の出発時間や予定を確認し合い、挨拶を済ませた上司とまた鉢合わせするというのは気まずいものだ。しかし隠れるわけにもいかないのでじっとしていると、郷さんは私を直ぐ見つけ、前に座られた。最悪である。部屋でじっとしていればよかった……もう遅い。

郷さんはコーヒーを注文されると、横を泳いでいる鯉を目で追っている。何も話はない。ただただ、静かな時間が流れている。

と、郷さんはコーヒーに付いていた菓子を少しずつ川に投げ込み、壁を軽く叩いては鯉を引き寄せて、鯉が喰い付くと声を出して笑っている。その姿はまるで少年のようだった。私は何故か嬉しくなり、真似をしては声を出して笑った。最後には競い合って大笑いした。

言葉を交わさず、こんなにも楽しい時間を過ごしたのは後にも先にもないだろう。

翌朝、私は寝坊してしまった。五分遅れで、郷さんとちあきさんの部屋にノックして入ると、

「だめだろう！」

郷さんに怒られた。にもかかわらず、私は素直に嬉しかった。

光陰矢の如し

「来年はコンサートをやるぞ」と、郷さんが仰った。

「それぞれの愛」と題された、松原史明先生演出による、ちあきさんのステージだ。

二月の横浜を皮切りに、七月迄、首都圏のみ五本が予定されていた。この期間中にも、営業、テレビの歌番組、ドラマの撮影等の仕事が入っている。

年末、コレドにて、コンサートの最終的な打ち合わせが行われた。

このステージを、誰よりも楽しみにしているのは、他ならぬ郷さんだった。

しかし……時は残された愛をかぞえ始める。

「光陰矢の如し」

翌年、平成四年は瞬く間に過ぎゆくこととなる。放たれた矢は、物語を射貫き、耐え難く、忍び難い痛みを残し、遥か遠くへ消えていった。

第四章　断崖

「君は、ちあきに付いていることが、どれだけ恵まれているかをまだ分かっていない」

コンサート「それぞれの愛」はじまる

年が明け、平成四年を迎えた。

一月。早速、ディナーショーの仕事が始まる。

いつものように、曲目のセットリストを決めるため、ちあきさんと電話でやり取りをしていた。この時、ちあきさんの口調や、伝わってくる物腰に、どこか弱々しさを感じた。言い換えれば、優しい感じなのだ。普段がきつい感じ、というわけではない。何かが違う。

前年の後半、無理矢理に見て見ぬふりをしてきた「現実」が、まるで復讐の時が熟したかのように姿を現した。郷さんの体調が悪くなっている。前年の営業の仕事の際も調子が優れず、ちあきさんのステージ本番の途中で、「後を頼むぞ」と、宿泊先に一人で帰られたこともあった。この年に入っても、コレドや事務所には顔を出していない。どうしても電話では打ち合わせすることができない用件は自宅へ伺ったが、郷さんが気丈に振る舞われているのが分かった。私には絶対に弱いところを見せなかった。それどころか、気遣って下さるのだ。しかしもはや、このディナーショーには同行はできない状態だったのだ。

「頼むぞ」

郷さんのこの言葉だけを拠り所に、私は仕事をした。ちあきさんと二人で、夜、翌日の公演地へ前乗りすることもあった。

ちあきさんは献身的に看病をされながらも、仕事を続けられた。

「郷さんが決めた仕事。やらなければならない」

口にこそ出されないが、私はちあきさんを見て、その心の内を感じた。


二月二日、横浜・関内ホールに於いて、コンサート「それぞれの愛」は幕を開けた。初日。ちあきさんが一番観て欲しい人、郷さんは不在だった。

会場へ向かう車の中、ちあきさんは静かに話された。

「郷さんも今日は行きたいと言ってました。次は行くからね、って。そう言ってました」

とうとう限界に来ているのが分かった。

私は何も答えることができず、車を運転した。時折バックミラーでちあきさんを窺うと、ぼんやりと、流れゆく景色を見られているようだった。その心中は窺い知れなかった。

会場へ到着すると、慌ただしい時間が流れる。リハーサルが始まり、ちあきさんはひとつひとつを確かめるように進めてゆく。だが、その心はどれ程乱れていたことだろうか……。

この状況で、動揺せずにいられる人などいるものだろうか……。

しかし、歌わなければならない。「ちあきなおみ」に、代役はいないのだ。

開幕を告げるベルが鳴る。

ちあきさんはしばらく目を閉じ、精神を集中させ、一途にステージへ向かう。幕が開く。

オープニングの曲は『百花繚乱』である。ちあきさんは華麗に歌い、踊り、ステージに花を咲かせてゆく。華やかな雰囲気に、客席から感動のため息が漏れる。

舞台袖から見る「ちあきなおみ」は、断崖の花棚に歌う哀しい天女のようだった。

ステージを終え、帰途についた。街は雪に覆われ、ひどく底冷えのする二月の夜だった。

翌日、郷さんは入院した。

入院

朝、雪解けの中、国立がんセンターへ車で向かった。

助手席のシートを倒して郷さんが座られ、後部席から寄り添われるちあきさん。

郷さんは道中、思い出話でもするかのように、仕事の話をされていた。ちあきさんも相槌をうたれ、笑い合い、慈しみ合い、外の景色とは対照的な、温かく穏やかな時が流れた。まるでこの先の時間と断絶するかのように、戦争に家族を送り出すかのように、一切の悲哀を隠し、覚悟を決めて過ごすような時間だった。

病院へ到着すると、郷さんは激しい背中の痛みに襲われ、立っているのもままならない状態だった。検査よりも、まず鎮痛しなければならない。薬が必要なのだ。とにかく何とかして痛みを和らげてあげたい、との思いを胸に、ちあきさんは苛立ちと心の痛みを隠せない様子だった。先に病院で待っていた郷さんのお姉様も、沈痛な面持ちで駆け回られていた。何故こんな目に遭わなければいけないのか。何か悪いことをしたとでもいうのか。激しい憤りを感じたが、私には見ていることしかできない。

検査入院なのか、長期入院になるのか私には分からなかったが、この日から、ちあきさんは郷さんの病室に泊まり込み、仕事は病院から通うことになった。

そして、コレドは休業となった。


癌の再発なのだろうか……。

転移はあるのだろうか……。

それともただ傷の痛みなのだろうか……。

二年前手術されたと聞いたが、癌ではなかった、と郷さんは言われたはずだ……。

しかし、宍戸錠さんは癌だと仰った……。

お姉様も……。

私は話を紡ぎ合わせては解き、不安を払拭しようとした。しかし瞬く間に不安は蜘蛛の巣のように張り巡らされる。

抗癌剤治療、放射線治療、食事療法、対症療法。これ以上打つ手はないのだろうか……否、医学的にはあり得なくとも、郷さんの生命力の強さで、癌を消滅できるのではないか……。

それに、ちあきさんが付いているのだ。本当のところ、どうなのだろうか――そんなこと聞けるわけがない……。

既に末期だったのだ。二年前、癌の切除手術を受け成功したものの、再発していた。そしてちあきさんは、郷さんの余命宣告を受けていたものと思われる。

後年、ちあきさんは、

「郷さんは最期まで知りませんでした」

と、はっきりと私に言った。ちあきさんが医師からどのような宣告を受けたのかは分からない。

ただ、郷さんに辛い思いはさせたくない……その一念だったのだと思う。

ちあきさんは、間違っていない。

私は、本当のところは知らないまま、仕事を続けた。否、知ることをどこかで拒絶していたのかもしれない。

ちあきさんの仕事がある時は、お姉様が郷さんに付き添われた。交代で眠り、ローテーションを組み、二人で力を合わせ献身されていた。

私も病院からの送り迎え、郷さんへの報告等、頻繁に病室に出入りした。

「今回のことは、本当に反省している」と郷さんが仰った。危機を乗り越え、生を奪還したかのように、陽が差し込む病室は明るさと爽やかさに満ちていた。やはり、手術の時の傷の痛みだったのだ、と私は思った位だ。そうでなくとも、このまま快方に向かうのではないかと、取り越し苦労を恥じたりさえした。

しかし、意外なところから現実が姿を現すこととなる。それはもう少し先の話だ。

病室から

二月後半、翌日開催されるディナーショーの仕事のため、夜、病院からちあきさんと公演地へ向かった。

「頼むぞ」

郷さんのこの言葉は、既に定型句となってしまった。

新幹線に乗り込む。道中ちあきさんと二人……寂しさが込み上げた。

しかし、ちあきさんはいつもと変わらない。私などが感じる寂寥感とは、比較などできない程の苦悩を抱えているのだ。それなのに、いつもと変わらないように見えるちあきさんを横に、私は自分の中に一本の強い軸が通ったような気がした。

この時の公演で、ちょっとしたハプニングが起こった。

ディナーショーはコンサートと違い、ホテルの大広間で行われるため、音響が難しい。コンサートホールのように、音の響きも少ないためか、少し勝手が違うものと思われる。この時は、滅多にないことなのだが、ちあきさんの歌唱中にハウリングが起きてしまったのだ。ハウリングとは、マイクで集音した音声をアンプが増幅して、スピーカーから耳障りな「キーン」という音が発生してしまう。ほんの一瞬の出来事だったが、ちあきさんは冷静に歌を止め、謝罪し、再度、頭から歌い直された。

しかし公演後、御客様からクレームが入ってしまった。音響はいつもこちら側から依頼しているスタッフが担当するので、セガワ事務所が責任を負うこととなる。クレームを受けたホテルの公演担当者、間に入る興行プロモーター、音響責任者、それに私で、話し合いとなった。音響責任者は事の経緯と原因を事細かく説明して謝罪し、納得を得て、事無きに至ったのだが、やはり、すぐに謝罪し、最初から歌い直されたちあきさんの瞬時の機転に救われたと言っていいだろう。

この話を帰ってから郷さんに報告すべきか、と私は迷い、ちあきさんに伺うと、

「何事もなく無事に終了したと言ってください」と仰った。

郷さんに、今、一切のストレスを負わせたくない、という御気持ちだったのだろう。

入院後、郷さんの容体は一進一退の状況が続いた。しかし、事務所に掛かってくる電話の声や、病室へ伺った時の様子、ちあきさんやお姉様の表情等から、相変わらず私は事態を楽観視していた。

この時期のちあきさんの心境を思うと、曰く言い難い思いに駆られる。事実を伏せ、明るく振る舞われていたが、むしろ心が本当に折れてしまったなら、どれ程楽になれただろう。

病室を一歩出れば、「ちあきなおみ」として歌い、演じなければならない。想像を絶するストレスを抱えながらも、何事もなかったかのように、明るいちあきさんがいた。公私混同を嫌われるちあきさんではあるが、一番近くにいる私にさえ、余計な心配はさせまいとされ

ていたのだ。言い換えれば、それほど郷さんとちあきさんの「結束」は固かったと言える。

郷さんの言葉

ある日、仕事を終え、ちあきさんと病室へ帰ると、ちょうどすれ違いで宍戸錠さんがお見舞いに来られていたということだった。お姉様もご一緒で、郷さんも、こんな話をしたと、楽しそうにちあきさんに話された。兄弟で過ごされた時間なのだが、この時、ちあきさんは少し気分を害されたように私には見受けられた。

「それは楽しい時間でしたね……」

些か寂しそうにちあきさんは返された。

しかし、錠さんも角度の違いはあれ、ちあきさんと同じ色合いの寂しさと、郷さんとちあきさんの結束の固さへの気懸りを抱えていたのだ。

「君は、ちあきに付いていることが、どれだけ恵まれているかをまだ分かっていない」

病室で、郷さんは突然私に仰った。言葉を変え、同じことを何回も繰り返された。

私は咄嗟のことに訳が分からずただ聞いていたのだが、本当の意味を理解できず、言葉の表面だけを捉えて、もっと頑張らなければ、と思った。帰り際、ちあきさんが言った。

「郷さんがいろいろ言っちゃってごめんなさいね。気にしないで」

私は今、こうしてこの手記を書いている時でも、この時の郷さんの言葉の意味を考え続けている。

もしかしたら、ただ活を入れたに過ぎないのかもしれない。

敢えて怒って下さったのかもしれない。

私の迷い、不安を見透かされたのかもしれない。

だとしても、ちあきさんの心情に背き、私は逆に、このメッセージの意味を読み取ってゆきたいと思っている。何故なら、郷さんは一貫して私にそう言われ続けたからで、気紛れや、その時の気分での言葉とはどうしても思えないからだ。

私のリハーサル

四月三日、秋川キララホールに於いて、テレビ東京『スーパーステージ』で共演した、伊藤多喜雄さんのコンサートが開催された。

伊藤さんは同ホールのこけら落とし公演で、最初にステージに立ったアーティストとして、毎年この日にコンサートを行っていて、ちあきさんはゲストとして出演された。

秋川キララホールは、東京・あきる野市にあり、都心から車で一時間以上を要する。私は前もって同ホールまで車で行き、最短のアクセス方法や所要時間を調べていた。何しろ入り組んだ道が多く、山沿いの道を幾つも抜けなければならないので、当日のぶっつけ本番では支障をきたしてしまう。それに以前、目的地までのアクセスに失敗した経緯もあるので、私は慎重になっていた。

「一度、行って来ていいぞ」

郷さんは心配され、病室のベッドの上で言われた。私はすかさず、

「はい、もう行って調べました」

「さすがだな、君は」

過去の失態を帳消しにして下さった。


当日、会場までの道中、ちあきさんは窓の外を流れるのどかな景色を眺めていらっしゃった。

予定通りに会場へ到着した。リハーサルを済ませるとすぐ本番だ。

本番前、ちあきさんに付いて、伊藤多喜雄さんの楽屋へお邪魔した。軽い談笑の後、伊藤さんとこのホールでのコンサートの由縁の話になった。するとちあきさんが扉の前で立っている私に目をやり、

「古賀さんは、このホールまでの経路を前もってちゃんと調べて、今日に臨んだんです」

と、伊藤さんに紹介して下さった。ちあきさんは、郷さんからこのことを聞いていらっしゃったのだろう。すると、

「感心なマネージャーだね。よかったら、うちに来ない？」

伊藤さんは冗談めかして仰った。

「そうでしょ。でも、絶対駄目です」

ちあきさんは答えられた。私にまで気を遣って下さる御二人だった。この時のちあきさんの言葉は、私にとって最高の栄誉である。

この日はゲスト出演なので、短時間で終わる。私は本番が始まると、直ぐに楽屋で帰る用意を始めた。スピーカーから御二人のトークが聞こえてきた。ちあきさんは、このホールまで来る時、車から眺められていたのどかな風景のことを話されていた。「私のリハーサル」をしたことが報われた。

そして、郷さんとちあきさんの優しさに私は包まれていた。

ステージでの「ちあきなおみ」

四月五日、東京厚生年金会館（現・閉館）に於いて、コンサート「それぞれの愛」が開催された。二月の横浜以来のステージである。

この日も、郷さんは不在だった。

一か月程前、ちあきさんの所属レコード会社との契約更改時に、郷さんは周りの反対を押し切り、「俺の仕事だ」と、病院から出向かれた。

契約更改は閉店中のコレドで行われたが、郷さんはこの日、立てる状態ではなく、ちあきさんとお姉様が寄り添われた。しかし、社長として、「ちあきなおみ」のマネージャーとして、仕事をこなされた。並の精神力ではない。

郷さんは鬼だった。この時も、自らの体調の悪さを力ずくで押し倒すように、契約書を突き返された。それは、たとえ満足のゆく契約内容であったとしても、そこに安住することなく、「ちあきなおみの歌」とはいったい何であるのかという、妥協なき問いかけだった。そしてある意味、メジャーレーベルへの、さらには既存の商業システムへの挑戦だったのではないだろうか。

そこには、どれだけ悪者呼ばわりされようと、「ちあきなおみ」を文字通り命懸けで護る郷さんがいた。

強かった。精神を一本の木の如く真っ直ぐに貫き、倒れそうになりながらも、一切の困難を「ちあきなおみ」から遠ざけようとするその姿は、鬼神だった。

しかしこの後、郷さんは生死の境目まで容体が悪化してしまったのだ。

東京公演当日、演出の松原史明先生は念入りにリハーサルを進められた。

松原先生は、歌手「ちあきなおみ」を知り尽くされ、郷さんとちあきさんの関係性を誰よりも理解していらっしゃる、言わば、私にとっては教科書だった。

現在、「ちあきなおみ」最後のシングルとなっている『紅い花』や、これぞ「ちあきなおみ」の真髄として名高い『ねえあんた』の作詞家でもある。月に一度は、コレドで郷さん、ちあきさんと語り合われ、私もよく、色々なことを御教示いただいた。

松原先生は、状況を御存知だった。単にコンサートの演出のみならず、御二人の心情を分単位で汲み取っての演出だった。

「郷さんは今、病室のベッドの上で、今頃リハーサルだ、そろそろ本番だと、ちあき君の姿を目に浮かべている」

その思いを、「ちあきなおみ」に託す。

ステージの形は変わらずとも、演出家がそこに気を入れることによって、歌の一曲一曲に新たな生命が吹き込まれるのではないだろうか。

松原先生は郷さんとちあきさんを評して、「夫婦というより、戦友である」と仰った。

後年、私がこの言葉をちあきさんに伝えると、「そうですね」と頷かれていた。

リハーサル前、私は松原先生に呼ばれ、

「ホール一階の後ろや端、二階のあらゆる角度から、ステージでのちあき君がどのように見えるか確かめなさい」

と言われた。私は指示に従い、各所からステージを見てみると、ひとつのことに気が付いた。ステージのちあきさんの表情が、まるで違って見えるのだ。

しかも何処へ行って見ても、リハーサル中のちあきさんと目が合ってしまう。

ちあきさんはきっと、何処からでも、「ちあきなおみ」がどのように見えているのかを、全て分かっているのではないか、そして、観客の全員を見返しているのではないか、という思いに至った。

思えば、舞台、ディナーショー、テレビ番組で歌う時も、カメラがどこでどう自分を捉えるかを把握し、目線を観客や視聴者に向けられていた。歌を歌うだけではなく、語り掛けるかのように。

ちあきさんは、バックバンドの微かな音のズレに「ん？」となる。その日の奏者の調子さえ見抜いてしまう人だ。普通の人間が視覚や聴覚、心では分からないニュアンスを捉えてしまうところがあるのではないだろうか。嘘は通用しない。私は傍に付いていればいる程、ちあきさんが怖くなっていった。人間を鋭く見詰める眼を持っているように思えるからだ。そうでなければ、これ程人の心を「濡らす」歌を物語ることはできない。

いったいこれまでに、幾曲の歌を歌ってこられたことだろう。ちあきさんはよく、「演じる歌手」と評されるが、ならば幾人の人格を我が物とし、演じきることで、幾人生を生きたことになるのだろう……。

様々なことを考えているうちに、ステージの幕は開いた。私はいつものように、舞台袖からちあきさんを目で追った。その姿は全神経を集中し、感じ、三六〇度を凝視しているかのように見えた。そしてその歌声は、心の琴線に触れ、片時も離さず抱いてくれるような旋律を響かせていた。いい加減なものなど何一つない。歌のどこにも嘘はなく、歌の眼差しは聴く者の魂へ投げかけられている。そして郷さんへと……。

終演後

気が付くと私は泣いていた。

松原先生は私の肩をポンと叩き、静かに頷かれた。

第四章　断崖

この日私は、ちあきさんの所属レコード会社、テイチクレコードの社長（当時）、東元晃さんと初めてお会いすることができた。

東元さんは、日本コロムビア時代、ちあきさんのディレクターとして『喝采』を手掛けられた方である。その後、ビクターへ移籍され、サザンオールスターズや、ミュージシャンとしての松田優作さん等、数多くのアーティストをプロデュースされた。

東元さんの後を追うように、レコード会社を移籍されたちあきさんにとっては、音楽業界に於ける父親的存在である。現在もフリーの音楽プロデューサーとして活躍されている。平成三十一年四月に発表された、ちあきさんのアルバム『微吟《びぎん》』のプロデュースも担当されている。東元さんも、この時期の状況は御存知で、私に「ちあきさんをよろしく頼みます」と仰った。

終演後、ちあきさんはメイクも落とさず、直ぐに病室へ帰られた。郷さんはちあきさんに微笑みかけ、

「お帰り。疲れたろう」

と、ちあきさんを労《ねぎら》われ、ちあきさんは微笑み返し、

「大丈夫ですか？」

郷さんの体調を気遣われた。真摯に向き合い、見詰め合う姿だけがあった。

御二人に余計なものはなく、私の心は満たされていた。

私は郷さんの許へ、ちあきさんを送り届けることに喜びを感じていた。

『愉快にオンステージ』

四月中旬、NHKの公開歌番組『愉快にオンステージ』が放送された。収録は前月に行われたが、この番組は私にとって、非常に思い出深く、心の中に残っている。

ちあきさんはゲストとして出演されたのだが、番組司会のホスト役はローテーション制で、毎回交代する。

打ち合わせはコレドで行われた。私にとっては初めて郷さんが同席されないということもあり、かなり緊張していた。

構成や歌う歌が決まり、最後にどなたが司会をされる回に出演すればよいか、という話になった。ちあきさんクラスになると、こちら側から要望を出せるのだと、改めて敬服していると、ちあきさんは私に、

「古賀さん、決めてください」

「え？　いいんですか？」

私はこの打ち合わせで初めて声を発し、半信半疑で聞き返すと、ちあきさんは頷かれ、

「私はどなたでも結構ですから」

私は迷うことなく「では、中村雅俊さんで」と答えると、打ち合わせは終わった。

実は、私は中村雅俊さんの大ファンで、出演されるテレビ、映画は勿論のこと、コンサートにも頻繁に足を運んでいたのだ。

ホスト役の方とのトーク、歌のコラボレーションもあるので、台本の構成・演出も当然変わる。本来ならば、ちあきさんがどなたとならやりやすいか、そして面白いものとなるか、を考えなければならないのだが、私は全くの私情で答えてしまった。いいのだろうか……。いいのだ。ちあきさんはどなたとでも最高のステージにされるのだ。まさに大歌手の余裕である。この席に居ても居なくてもいい私を、敢えて参加させて下さったのだと思う。

「中村雅俊さんにサイン貰いました？」

収録が行われたNHKホールの楽屋で、ちあきさんは仰った。

「はい。ありがとうございました！」

私は、この日はちあきさんにプレゼントしていただいた日だと、今でも思っている。

ちあきさんは中村雅俊さんと、石原裕次郎さんの『二人の世界』をデュエットされた。そして『黄昏のビギン』『白い花の咲く頃』『帰れないんだよ』『ねえあんた』『紅い花』『喝采』を歌われた。

そして、この『愉快にオンステージ』は、事実上、「ちあきなおみ」が最後に歌を披露したテレビ番組となった。

ちあきさんと乗ったジェットコースター

四月後半から五月前半にかけて、ちあきさん主演のドラマ『虹が出た！』の撮影が入っていた。今回も前回同様、六月、十二月放送分の二本撮りである。共演はレギュラーの高田純次さん、美川憲一さん、木内みどりさん、ゲストに風吹ジュンさん、定岡正二さんを迎えた。

ちあきさんは、郷さんの病室から撮影に通われたが、今回は地方ロケーションもあるため、物理的に無理な時は、前日、一旦、自宅へ戻られた。

一度、病院から車で自宅へ戻る際、私が撮影予定やタイムスケジュールの話をしていると、はじめは聞いていらっしゃったのだが、ふと見ると眠られていた。郷さんのお姉様と交代での看病ではあるが、ほとんど不眠状態だったのだと思う。私は後で知ったのだが、この時期、郷さんは肺炎を併発され、かなり生命が危ない状況にあったのだ。

撮影は早朝から深夜まで続く。ちあきさんは常に明るく振る舞われ、いつ台詞を覚えているのか不思議に思う程、NGひとつ出されなかった。

「古賀さん、ちょっとお願いします」

私は時々、ちあきさんと本番前に台詞合わせをしたが、私がよく漢字の読み違いをしてしまい、中断することもあった。随分と御迷惑をお掛けした。

ある日、遊園地でロケーションが行われた。

休憩中、ちあきさんが「ジェットコースターに乗りたい」と言い出された。

私は怖がりな性分なので何とか話を逸らそうとしたが、「どうしても乗りたい」と、まるで駄々っ子のように譲られない。まさかちあきさんに一人で乗っていただくわけにもゆかず、どうしようかと思案していると、定岡正二さんが、マネージャーと乗るから御一緒しよう、と言って下さった。皆で乗れば怖くない……。覚悟を決めた。こうして私は、ちあきさんとジェットコースターに乗ることとなってしまった。

スタートすると、私は目を閉じた。徐々に急角度の下降が近づいてくる。もう降りることはできない。

ふと、隣のちあきさんを見ると、ニコニコされている。もうどうにでもなれ……。

とうとう始まった。車体は一気に下降し、反転し、速い速度で上昇し、また下降する繰り返しだ。

ちあきさんは、ほんの一瞬、現実から解き放たれたかのようにはしゃがれた。束の間であれ、疲労困憊の極みにあったちあきさんには、このような時間が必要だったのだ。

しかし、こういった出来事のひとつひとつは、私にとっては宝石のような輝きを持って、心の中に今でも生き続けている。

伊豆へロケーションに向かう際、新宿のスタンドでちあきさんと飲んだコーヒー。

帰りの電車の中で、ちあきさんと食べた駅弁。

そして口にこそ出されないが、常に郷さんの事を気に懸けていらっしゃるちあきさんの思い……。

日々、撮影が終わると、ちあきさんは郷さんの待つ病室へと直帰された。病院のエレベーターを待つ時間も惜しまれ、早く郷さんに会いたい、声が聞きたい、といった御様子のちあきさんの後姿に、私は慕わしさを感じていた。

五月初旬の雲ひとつない空は、過去も現在も未来もひっくるめて、大きくて真っ青だった。

初夏を告げる風は、優しく、温かく、爽やかだった。

しかし、風は過ぎゆき、遠くで燃える陽炎の中に消えた。

第五章　終幕

「いつも俺の後ろにいろ」

公にされた病名

五月のゴールデンウィーク。私はお暇をいただき、実家のある名古屋へ帰省した。仕事から離れ、旧友と語り、ドライブ等をして過ごした。休日は瞬く間に過ぎ、東京へ戻った。

現実が姿を現した。

事務所へ出勤すると、すぐさま電話が鳴った。ちあきさんだった。

「錠さんが、喋っちゃったんです」

私は一瞬、何を仰っているのか解せなかったが、直ぐに内容を把握できた。

郷さんの病状や、ちあきさんの状況を、宍戸錠さんがテレビのワイドショーのインタビューを受け、話されたのだ。

今、病院の前にはマスコミがカメラを構え、張り付いている状態ということだった。

「病院から、病室からも出られないんです」

ちあきさんは今にも泣き出しそうな、悲痛な声だった。

「取り敢えず、今から直ぐにそちらへ行きます」と言って、私は電話を切った。

ワイドショーで放送された内容はこうだった。

「実兄・宍戸錠が激白　ちあきなおみの夫　がん闘病の日々」

というテロップに続き、車の運転席に座る宍戸錠さんを映す。

リポーターから、郷さんの現在の様子は、と聞かれ、

「先月ちょっと危ない状況があったんだけど。それは肺炎を併発して。でももう、大丈夫なんじゃないかしらね」

と答える錠さん。リポーターは続けて、「ちあきさんの御様子は?」と聞く。

「大変だよね、仕事してるから……可哀想に……でも僕の長姉が交代で付いていてくれるから、まあ、大丈夫かな」

郷さん自身は病気を知っているのかとの問いには、知っていると答え、二年前から病気であったことも錠さんは明かした。


どの番組だったかは失念したが、リポーターが、病名や、現在の郷さんとちあきさんの様子が公にされたことに対して、些か否定的な意見を述べた。司会のアナウンサーが、この日のコメンテーターである、映画評論家のおすぎさんにコメントを求める。

「癌の闘病というのは一家で立ち向かわなければいけない問題。本当に辛いことなんです。その辛さというのは、当人達にしか分からない。最近は芸能人も癌を公表される方が多くなっているけど、それが良いか悪いかは別として、この状況で、こうやって身内が出て来て、

それをべらべら喋るというのは考えものだと思う」

おすぎさんは、「身内が出て来てべらべら喋るというのは考えものだと思う」と、もう一度繰り返された。


病院に着き、病室へ入ると、思っていた程に沈痛な雰囲気ではなかった。そのようにちあきさんとお姉様がシフトされているのだろう。

郷さんはベッドの上で身体を起こされていた。そして私に、

「心配するな。俺は癌じゃねえからな」

と仰った。報道された内容を御存知のようだった。

ちあきさんとお姉様は、錠さんが何故間違ったことを話してしまったのかといった御様子だった（もちろん、そういうふりをしておられたのだ）。当時の私は、本当のところはどうなのか分からなかった。が、無理にでも郷さんの言葉に従うしかないと、疑念を心の底に沈殿させた。郷さんは、

「俺は、本当にあの人が分からない……」

錠さんのことを言われているのだ。しかし、私はこの言葉は本音ではなく、セガワ事務所の社長としての言葉だと受け取った。郷さんの話の中には何度も、

「兄貴が、兄貴が」

と、錠さんの話が出てきたし、

「よく監督に、お前は兄貴と違って顔も悪いし、芝居も下手だな、と言われたよ」

などと仰っていたからだ。ちあきさんと結婚されてからも、生き方、人生観の違いこそあれ、郷さんはどこかで兄である宍戸錠さんをリスペクトされ、憧憬の念をお持ちだったと思う。

閉じられたカーテンの隙間から差し込む、幾方面からの光線のように、病室にはそれぞれの秘めたる感情が交錯していた。

しかしこうなった以上、今迄のように、病院の正面玄関からの出入りはできない。私は病院裏に通用口を見つけ、そこからちあきさんに出入りしていただく旨を伝え、病院を後にした。

最後の花道

事務所へ帰ると、各方面からの電話攻勢が始まった。相手はマスコミや仕事関係者だった。マスコミは、「ちあきさんのインタビューかコメントが欲しい」というのがほとんどだったが、全てお断りした。関係者の話は、宍戸錠さんへの批判的な意見が多かった。

「芸能人なんて、自分をメディアに露出するためなら家族も売る」

「世間の注目を集めるためなら、何だって利用する」

それがどうしたというのだろう。だから何だというのだろう。それに、今回のことはそういった薄情で利己的な思惑ではないのだ、と私は思った。

郷さんとちあきさんにとっては、不本意で望まれない形ではあるかもしれないが、錠さんは自分の信念で「弟・郷鍈治」に最後の花道を用意しているのではないだろうか……。

きっと、ちあきさんもお姉様も、薄々そう感じていらっしゃるのではないだろうか……。

考えてみれば、郷さんは「がんセンター」に入院されているのだ。癌と無縁なはずはない。

ワイドショーでは、前年、同じ癌で亡くなられたお母様の葬儀の時のインタビューで、郷さんが、

「最期まで鍈治、鍈治と、母が僕の名前を呼んでいたと聞いて……末っ子というのは可愛いのか……一番心配かけたので、最期まで心配だったんでしょう」

と答えられた姿も放映されていた。お母様は郷さんの病気の事実を御存知だったのだろう。そしてこの時、郷さんの横で唇を震わせ、涙を堪えられているちあきさんの姿が、私の心に引っ掛かっていたが、ようやくその理由が分かった。

郷さんはもう、余命いくばくもないのだ、と。

先程、郷さんの前で沈殿させた疑念は溶け去り、周りの関係者の楽観視をよそに、私は「郷さんの死」を意識せざるを得なくなった。

翌日、スポーツ紙や夕刊紙の一面、その後、週刊誌にも「郷鍈治」の名前が躍った。

渦中にあり

五月十五日、大宮ソニックシティに於いて、コンサート「それぞれの愛」が開催された。

二月の横浜、四月の東京に続いてのステージである。

今回は少し様子が違う。先日のマスコミの報道で、ちあきさんの会場への出入りに厳戒態勢が敷かれたのだ。私は、当時は個人で所有するには珍しかった携帯電話を、レコード会社の方にお借りし、会場近くまで車で来た時点で、楽屋口で待機している関係者に連絡を取り、状況を確かめた上でちあきさんを会場入りさせるという段取りを組んだ。

ちあきさんは、いつもと変わることなくステージを務められた。

厳戒態勢とは言え、限度がある。帰り際の楽屋口には、出待ちのファンの方々に混じり、テレビカメラが待機し、ちあきさんの姿を捉えた。

翌日、その様子が各局のワイドショーで報じられた。

画面には、楽屋口から車に乗り込むちあきさんの姿が流れる。

「闘病夫婦愛　ガンの夫支え　ちあきなおみ熱唱」

「ちあきなおみ　絶唱と愛の間」

先日放送された時と同じく、郷さんがお母様の葬儀でインタビューを受ける姿が映し出される。局によっては、コレドの近くにある料理店や、酒場の従業員にもコメントを求めていた。そして、コンサート会場に足を運んで下さったファンの方々にも、

「ちあきさんは、どんな御様子でした？」

「ちあきさんは郷さんの病気のことには触れられませんでしたか？」

と、マイクを向けていた。ナレーションでは、

「夫を一人で死なせはしない。私の愛で治してみせる。ちあきなおみ。祈りを込めて絶唱」「プライベートな事に関しては一切口にすることがないちあきさんに、私の愛情で病気を治してみせるという、強い信念が窺える」

スポーツ紙や夕刊紙、週刊誌にも「癌」「がん」「ガン」と、文字が躍った。あるリポーターは、「ちあきさんの献身で、六月には退院できるのではないか」と言っていた。

話というものは、人が伝え、また伝えられてゆく過程に於いて色を変え、脚色される運命にある。その時々で、それぞれの思惑を抱え込み、原型を留めない程にその姿を変える。

いったい、誰の作意だというのだろうか。報道する度毎、まるで連続ドラマのように現実を劇的に扱い、視聴者や読者の興味を煽ろうとする。

現実は、残酷にも、時の流れの上に厳然と存在していた。

いつ退院できるのか分からないまま、入院生活を送られている郷さん……。

郷さんに寄り添いながら、何も助けてあげることができない、ちあきさんの辛い思い……。

マスコミの大騒ぎに、郷さんはちあきさんを気遣われ、些か怒りを示されたものの、じっと耐えているように私には見受けられた。諦めた、と言った方が適切かもしれない。

止まることなく進む時は、この連続ドラマを、郷さんとちあきさんにとって「対岸の火事」としてゆくこととなる。しかしそれは、現実に火の手が上がっていたからだ。

希望

郷さんの容体は一進一退という状況だった。私は週に二回程、病室へ仕事で顔を出していた。不謹慎な言い方だが、私は病院へ行くことが楽しみとなっていた。郷さんとちあきさんに会えるからだ。仕事の話が終わると直ぐに退出するのだが、少しでも御二人の近くにいたくて、病院の食堂で食事を摂ったりした。

郷さんは体調が良い時は、私に用件を話されているちあきさんに、

「古賀はこの後、デートがあるから早くしてやれよ」

と、冗談を言われたりした。私が仕事の指示を仰ぐと、郷さんはちあきさんに、あれを取ってくれ、これを用意してくれ、と指示される。ちあきさんはまるで、弟子が師匠に仕えるかの如く、「はい！」と返事をし、素早く動かれていた。御二人の間には何の理屈も存在しなかった。これがごくごく自然な姿だった。

後年、ちあきさんは、

「郷さんと生活している中で、私はどこか緊張感があった」

と仰った。自分を導いてくれる師匠的な存在。御二人は師弟のようでもあった。

「心配するなよ。俺は大丈夫だ。若い頃、撮影でのアクションやなんかで、肺が汚れてるんだよ。昔は汚い現場が多かったからな」

郷さんはベッドを下り、立って見せられた。入院されてから四か月。足が細くなっていた。食べられないのだろうか、点滴を受けられている時もあった。

病院は非日常が日常の光景となっている。

廊下を歩いていると、病室から聞こえてくる患者の家族の悲痛な叫び声。

「親父！　起きてくれよ！」

点滴スタンドに繋がれた患者が、廊下を歩き、エレベーターに乗っている。

せん妄によって、部屋を裸足で飛び出してくる患者もいる。

「ホスピスに入る」

「もうだめだ……」

と、患者同士の話も聞こえてくる。

生きている以上は、現実を転換させる力を秘めているのだ。

私の希望は、再び独行を始めた。

第五章　終幕

「声が出てない！」


六月十三日、グリーンホール相模大野（現・相模女子大学グリーンホール）に於いて、コンサート「それぞれの愛」が開催された。横浜、東京、大宮に続いてのステージで、今回は昼夜二公演が組まれている。

昼の公演の幕が閉じ、舞台袖に帰って来たちあきさんは、私の腕の中に倒れ込まれた。

「声が出てない！」

楽屋に戻ると、ちあきさんはそう言われ、泣き崩れた。

舞台袖で見ていた私には、通常と変わることなく見受けられたのだが、御本人にとっては納得いかないのだろうか。ちあきさん程の大歌手に、下手な慰めなど通用しない。私はどうしていいか分からず、おろおろと楽屋を出たり入ったりしていると、演出の松原史明先生が廊下を通り掛かられたので、呼び止めて状況を伝えた。松原先生は沈痛な表情で頷かれ、

「放っとくしかないんだよ」

ちあきさんにしか分かり得ない苦痛なのだ。郷さんの看病の傍ら、病院の屋上で発声練習をされている姿が脳裏を過《よぎ》る。蓄積された肉体と精神の疲労はとうに限界を超えている。にもかかわらず、郷さんの容体は日増しに悪化してゆく。しかし、二千人近いファンを前にして、プロとしての御自分が許せないのだ。夢を求めて足を運んで下さる御客様には、現実など関係ないのだ。

それは分かっている。分かっているが、これ以上現実が息を吐き、呼吸を続ければ、ちあきさんが壊れてしまう。

「喉の薬を買って来てほしい……」

嘔吐に近い咳をされ、涙を拭いながら、ちあきさんが仰った。

私は会場を飛び出し、全速力で薬屋へ走った。一刻も早く薬を届けなければ。

午後の蒸し暑さに、スーツの下は汗だくだった。何もできない自分の無力さが悔しくて泣

けてきた。

天才歌手と言われるちあきさんには、他者が介入できない領域があるのだと思う。御本人にしか立つことができない世界。スタッフ、郷さんさえも踏み込めない場所。

現実を振り払い、そこに立つちあきさんは、倒れ、立ち上がれなくなってしまうのだろうか……。

夜の公演、「ちあきなおみ」は「夢」を「魅せ」た。明るく、華麗に、限りない優しさで観客の心を包み込んだ。

服部克久さんと

七月一日、東京・池袋にあったアムラックスホール（現・閉館）に於いて開催された、服部克久さんプロデュースの、「シャンソン……今」というステージに、ちあきさんはゲスト出演された。

数日前、顔合わせと打ち合わせが行われたが、ちあきさんは郷さんの容体を考慮して欠席されたため、レコード会社の担当ディレクターと私が出席した。しかし、ステージに立つ服部さんとちあきさんしか分からない事柄もあり、あらかじめ時間を決めて、御二人には電話で話していただくことになっていた。私の役割は、御二人の電話を取り次ぐことだ。

服部さんは、日本を代表する作曲家・編曲家であり、音楽家の枠を超え、イベントのプロデュースや、ピアニスト、指揮者、音楽番組の司会をされる等、その才気溢れる活動で御活躍された。

服部さんと同席させていただけるというだけで、私は舞い上がり、緊張していた。

待機していた部屋に服部さんが現れ、開口一番に、

「はいはい、何も心配はない。大丈夫！」

後はほとんどステージとは関係のない冗談を仰り、周囲を和ませて下さった。

そして、ちあきさんとの電話打ち合わせで要点を簡単に話された。私にはちあきさんの姿は見えないものの、御二人にプロとしての絶対的な信頼関係を感じた。

本番では、服部さん指揮の許、ちあきさんは『それぞれのテーブル』等、シャンソンを数曲歌われた。客席からスタンディングオベーションが起こる程、素敵なステージだった。

終演後、総合プロデューサーの方が私に、

「ちあきさんは本当に歌が上手いねえ……打ちのめされたよ」

と仰った。まだ客席に座ったまま、ステージの余韻に浸っている御様子だった。

私は思うのだが、「ちあきなおみ」の歌う歌は、その歌唱のみで物語の世界に誘われる。

ある舞台監督と食事をした時、その方がこう言われた。

「僕がちあきなおみのステージを担当したら、セットは組まない。歌だけでいい……セットは要らない」

そしてその世界に迷い込めば、そこから現実世界に回帰するのには時間を要する。その場で終わるのではなく、感慨を引きずるのだ。いつまでも。

帰り際、駐車場でちあきさんと車に乗り込む時、服部さんは笑顔で手を振られ、見送って下さった。

令和二年六月十一日、服部克久さんは逝去された。

最後のコンサート

七月四日、市川市文化会館に於いて、コンサート「それぞれの愛」のファイナル公演が開催された。

郷さんはこの時、病気との最後の闘いに入っていた。一度もステージを観ることが叶わなかったのは、どれ程無念だったことだろうと思う。ちあきさんにしてみれば、既に仕事どころではないのだが、このステージは郷さんが決めた仕事なのだ。やらなければならない。最も過酷な精神状態の中で、観客に夢を魅せなければならないのだ。

リハーサルの前後や本番前に、ちあきさんは楽屋を出て、会館の公衆電話から郷さんの病室に電話をされた。お互いに、お互いの声が聞こえることが、どれ程の勇気を与え合ったことだろうか。私は常にちあきさんの傍に付いていて、この切な過ぎる耐え難い程の光景に、確実な愛を感じた。

郷さんとちあきさんは、お互いの魂のみで、スクラムを組んでいるのだ。

本番前、いつものように、特製のはちみつドリンクを手に、私はちあきさんの後方に立つ。

開幕を告げるベルが鳴る。

ちあきさんは、いつものように、振り返り、はちみつドリンクを一口飲む。

そして、いつものように、私の目を見て下さり、精神の焦点を合わせ、ふっと息を抜き、ステージ中央へスタンバイされた。

いつものように幕が開き……。

舞台袖は、いつも、私の指定席だった。そこからは、いつも、ちあきさんの心の中にいる郷さんが見えた。

終演後、千秋楽独特の一抹の寂しさと共に、私はちあきさんの衣装や荷物を抱え、楽屋と車との往復を繰り返していた。自然と汗が吹き出してくる。一刻も早くちあきさんを郷さんの待つ病室へと送り届けなければならない。数回の往復の後、楽屋で最後の荷物を手に取ると、ちあきさんが私に向かって歩いて来られた。

「この荷物が最後です」と私が言うと、ちあきさんは、

「疲れたでしょう」と仰り、ハンカチを取り出して、私の額に流れる汗を拭って下さった。

私はあまりにも恐れ多くて、「大丈夫ですから……」と、何度も言ったが、ちあきさんはその手を止めようとはなさらなかった。

そしてこの日が、誰もまだ、何も知らないまま、「ちあきなおみ」最後のステージ、最後の歌唱、最後の仕事となった。

二人きりの船

コンサートツアーも終わり、ちあきさんは郷さんの許、病院へと帰られた。看病に専念するため、仕事の予定は入れておらず、白紙状態である。表向きの理由は「しばらく充電期間を置く」というものだった。

五月に病気のことを報道され、業界関係者は事実を先刻承知だったが、波が去ったかのように静かな時間が続いた。

私は事務所勤務に戻り、相変わらず仕事の電話対応に追われていた。早くもディナーショー等の出演オファーが入る。私は現状を伝え、決定はできないが保留、という形でスケジュールを埋めていった。

この頃、コレドは休業していたので、店舗スタッフでありピアニストでもある熊倉さんに、事務所の仕事を手伝ってもらっていた。熊倉さんは「ちあきなおみ」のプロフィール、バイオグラフィー、ディスコグラフィーを新たに作り直していた。

ある日のこと、私はレコード会社へ所用で赴き、話が長引いて帰社したのが二十一時過ぎだった。

雨が強くなっていたので、しばらく事務所へ籠城を決め込んだ。デスクの上には熊倉さんが制作中の資料が置いてあり、私はふと手に取って眺めた。

私はこれまで、目の前のことだけに精一杯で、「ちあきなおみ」の歴史や、今迄の芸能活動についてては何も知らなかった。気が遠くなる程の出演履歴、その活動の軌跡を目で追っているうちに、私は資料の中へ迷い込んでいった。

私が興味をそそられたのは、ディスコグラフィーにおける歌のジャンルの変遷にあった。デビュー後、ヒット歌手として歌謡界の頂点に立ち、その後、演歌を歌われている。そしてポップス、アメリカンジャズ、ファド、シャンソン、戦前・戦後の日本の名曲へと続いている。

私は以前から、ちあきさんには歌のジャンルなど意味をなさないのではないか、と疑問を抱いていた。

ある時、車の中で、ちあきさんにその疑問をぶつけると、逆に聞き返されたことがあった。私は飛鳥涼（現・ＡＳＫＡ）さんがちあきさんに提供された、『伝わりますか』という楽曲が好きで、

「ちあきさんは井上陽水さん、中島みゆきさん、河島英五さん、友川かずき（現・友川カズキ）さん等のニューミュージック系のジャンルも歌われるんですね」

と問うと、

「あなたが言う、歌のジャンルということで言えば、飛鳥涼さんは完全に演歌ということになりますよ？」

その時には理解し難かったが、歌のジャンルとはただのカテゴリーに過ぎず、いい歌というものは、それを超越しているのではないかという考えに行き着いた。

では、いい歌とは何であろうか。私は疑いようもなく、「ちあきなおみ」の歌う歌はいい歌と感じていた。それは、日本語だけで歌われる日本人の歌である。そこは心が帰り着く場所でもある。歌詞の一部に英語を用いたり、英語のように聞こえる日本語で歌う歌は私の好みではない。

「ちあきなおみ」が歌えば、他国で生まれた歌も、日本の歌となる。

「ちあきなおみ」というジャンルに。

外の雨は弱まっていた。郷さんとちあきさんの許にも、雨音は響いているだろうか……。

私は少し息を抜き、窓の外をぼんやりと眺めた。そしてもうひとつ、最も興味があることについて沈思黙考した。

郷さんとちあきさんが結婚されたのは昭和五十三年。郷さんは照れて何も仰らなかったので、ちあきさんに伺うと、四年間の交際期間があった、ということだった。

バイオグラフィーを照らし合わせて見ると、この四年の間に、ちあきさんの歌、芸能活動に大きな転換があることに気付いたのだ。それに伴って、事務所を移籍し、所属レコード会社との確執が生じたのもこの頃である。

歌とは何か。自分が歌いたい歌は何か。プロである以上、物理的にセールスを求めざるを得ない。しかし、好きな歌をあらん限り歌いたい。事務所、レコード会社は本人の気持ちなど意に介することなく、イメージ戦略、そしてヒットに照準を合わせる。この時期のちあきさんの歌手としての苦悩は、関係者から伝え聞いた話等で、僭越ながら推測できた。

そして昭和五十一年、ちあきさんは、郷さんが代表を務められていた芸能事務所「ダストファイブ」に移籍されている。

「あの娘《こ》がうちの事務所に来た時……」

私の入社面接の時の、郷さんの言葉が蘇る。結婚後、「ダストファイブ」は、ちあきさんの個人事務所「セガワ事務所」となる。ちあきさんの本名は瀬川三恵子である。

つまり郷さんは、「ちあきなおみ」の葛藤、困難を全て引き受け、背負ったのだ。

御二人の結婚は、決して周囲から祝福ばかりされたわけではない、と聞いていた。人間関係や利害関係も含め、ありとあらゆる障害が前方に立ち塞がったのだ。

しかし、そのようなことは、御二人にとっては全て承知の上だったのだと思う。意地でもなければ、反逆でもない。

だが結婚によってちあきさんは事実上、一時表舞台から干された形となり、その後も芸能界のあらゆる圧力が働いた。このことは、より御二人の絆を強くし、より魂を重ね合わせ、より深い場所で、愛の契りを結ぶこととなった、と思われる。

そして郷さんは、「ちあきなおみの歌」を、時代の顔色を窺うことなく、計算することなく、本人が心から歌いたい歌と出会うために進路を開き、その方向へ舵を切ったのだ。俳優としては一線を退き、ちあきさんを護るため、プロデューサー、マネージャーに徹した。世間からどう思われようと、何を言われようと、決して屈することなく、時には堪え忍び、それでも堂々と勇ましく、幾つもの海を越えてきたのだ。

第五章　終幕

ディスコグラフィーを見ると、ジャズ、シャンソン、ファドのアルバムを発表される等、ちあきさんの歌への貪欲さが垣間見えた。

以前、私が事務所の整理をしていたところ、ちあきさんが音楽賞を受賞された時の盾やトロフィー、賞状等がクローゼットに保管されていた。私はそれらを引っ張り出し、事務所の玄関や棚に飾った。すると数日後、きれいに全てクローゼットに戻されていた。ちあきさんが仕舞われたのだ。ちあきさんにとって、歌とはそういうものではないのだ。

「歌手という仕事は、地道な仕事です。作者が込めた思い、作意をちゃんと表現できるか。歌い手はあくまでも、作者の代理なんです」

ちあきさんは仰った。大スターでありながら決して驕ることなく、真摯に歌を追求される姿勢に、私は自分を恥じた。

「私は郷さんの言う通りにやってきただけ」

ちあきさんはよく仰っていた。

本当は、御二人に思考も言葉も必要ないのかもしれない。ただ、いつまでも見ていたいと思った。

時鐘に現実へと引き戻されると、雨は止んでいた。

私は夜の静寂に包まれていた。

郷さんとちあきさんはもう眠っているだろうか……。

私は些か、御二人の愛の軌跡に圧倒され、一抹の寂しさを感じていた。御二人がとても遠くに思えた。果たして自分はこのような愛と出逢えるだろうか……。

最後の打ち上げパーティー

横浜の中華料理店に於いて、「それぞれの愛」の打ち上げパーティーが行われた。郷さんとちあきさん不在の中、演出の松原史明先生、制作スタッフ、レコード会社関係者等が顔を揃えての慰労会である。

ツアーの最中に、一連の報道騒ぎもあり、皆さん状況を把握していたが、敢えてそのことには触れず、楽しい宴となった。

松原先生を中心に、「ちあきなおみ」の歌手としての凄さや、奥行きの話に終始した。私はディナーショー等で、ちあきさんが島倉千代子さんの『人生いろいろ』を歌うシーンを取り上げて話した。歌の後半部分を、島倉さんのものまねをして歌われるのだが、それがまたそっくりなのだ。会場はいつも笑いの渦に巻き込まれた。

「ちあき君はものまねでも天才だよ。昔はコンサートで、ものまねコーナーがあったんだよ」

松原先生は仰り、当時を懐かしまれていた。

「ちあきなおみ」のものまねをされる方は数多くいるが、ちあきさんがどなたのものまねをされるのかを伺うと、

「美空ひばりさんのものまねは天下一品だよ」

　レコード会社関係者の話によると、美空ひばりさんは当時、御自分が歌唱力を認められた歌い手にしか、ものまねを許されなかったそうだ。事務所に保管されていたちあきさんの写真アルバムの中に、美空ひばりさん御本人を横に、ものまねされている写真があった。ちあきさんを、美空ひばりさんが笑顔で見守られている写真である。これは『スターものまね大合戦』という番組で、ちあきさんが『花笠道中』をものまねで歌った場面である。

　ちあきさんの表情が何とも面白く、こういった一面もファンの方々には魅力だったのだろうと思う。

　もうひとつ私が取り上げた話は、ちあきさんが歌われた『兄弟船』だ。

　その歌いっぷりの迫力はとにかく凄く、客席からはいつも、度肝を抜かれたような感嘆の声が上がっていた。

　何故、男の心をも表現できてしまうのだろう、と私は思った。

　ちあきさんは、演歌は嫌い、と仰っていたが、もっともっと、「ちあきなおみ」の「男のど演歌」を聴きたかった。

「楽しかったですか?」

　翌日、パーティーのことをちあきさんに話すと、そう聞かれた。

「はい。ちあきさんの話で盛り上がりました。ちあきなおみとは何者かという話です」

「嫌ですねえ……そういうの」

ちあきさんは笑いながら仰った。

「もし、彼が死ぬようなことがあったら、お前、そんなに格好いいことするなよ……そう俺は言いたい」

パーティーの後、私は松原先生と二人で飲みに行った。松原先生は少し酔い、そう仰った。郷さんのことだと分かった。

私は何も答えることができず、松原先生と同じように、無言で酒を飲んだ。

このことは、ちあきさんには黙っていた。


「いつも俺の後ろにいろ」


八月、私は何かと理由をつけては、郷さんとちあきさんに会いに行った。

郷さんはこの頃、ベッドの上に座り、目を閉じて、瞑想に耽っていらっしゃるかのように私には見受けられた。

「いいえ、できるだけ……顔を見せてください」

私はあまり来ない方がいいのではないか、と尋ねると、ちあきさんはそう仰った。とても穏やかな口調だった。私は、郷さんの命はもう長くはないのだ、と感じた。

「郷さんが亡くなったら、ちあきさんも後を追うつもりなんですね。だからそんな言い方をするんですね！」

「顔を見せてあげてください」ではなく、「顔を見せてください」と仰った。どのようにも捉えられるが、私はちあきさんの表情を見ているのだ。はっきりと、一緒に死ぬつもりだと分かった。

神経質になり過ぎているのだろうか。私は現実の世界に、愛の存在を信じていなかった。それは、映画や小説や歌の中のこと……。

郷さんとちあきさんに出逢って、初めて信じることができたのだ。

愛する人を失ったら、人間生きていけるものだろうか……。

そして私が思うのはちあきさんだ。どれだけの愛を歌ってこられたことだろう。ちあきさんは、歌の世界の住人なのだ。普通の女性とは見える世界も感受性も違う。あり得るのだ……。

しかし、言葉をちあきさんに投げつけることはできず、心の中に逆流させた。

私の御二人への恋は、片思いなのだ。それは傲慢過ぎる……。

私は遊んだ。

当時ブームを巻き起こしていた「ジュリアナ東京」へ連れ立って踊りに通った。同世代の男女が周りにいる。やけっぱちな気分で酒を飲み、救いを求めるように踊りの輪の中へ飛び込んだ。

「楽しい……郷さん、ちあきさん、僕は楽しいです」

無理だった。

振り払おうとした恋の残像が消せない。こんなに遠く離れた世界に身を置きながらも、御二人のことばかり考えている。愛など必要のないこの場所が、恋の傷手を癒してくれるはずだったのに、かえって傷口に触れる。私はここで何を見出せるというのだろうか。

やはり私には、郷さんとちあきさんしかいなかったのだ。


郷さんがレコード会社の方と、病室で打ち合わせる用件があった。その日時を決める段取りを私が任された。かなり重要な件だと推察できた。日時は簡単に決めることができたが、私はそこまでだった。打ち合わせには必要ない。

しかし、何故なのか自分でも未だに分からないのだが、私はどうしてもその席に参加したかった。否、見たかった、と言った方がいい。

郷さんがどのような態度で何を言われるのか、その一挙手一投足が見たい。

「社長。当日、私も来ていいですか?」

私は思い切って郷さんに伺った。郷さんは頷かれ、

「いつも俺の後ろにいろ」

これが、郷さんが私に仰った最後の言葉だった。

そして、静かに目を閉じられた。

私が最後に見た郷さんの姿だった。

この日、私がセガワ事務所に入社してちょうど一年、八月二十六日だった。

意識不明の中で

郷さんの病室は無菌状態を保つこととなり、私は出入りできなくなった。

仕事の報告は、ちあきさんと別室へ移動して行った。

後に知ったが、郷さんはこの頃、意識がない状態だったのだ。

テレビのワイドショーでは、「日活映画創立八十周年パーティー」の模様が放送された。

この時、パーティーに出席されていた宍戸錠さんは、

「この席に郷さんがいないのは寂しいですね」というリポーターの問いに、

「厳しい質問ですね」と答えられていた。横にいらっしゃった岡田真澄さんが、

「スケジュールの都合でしょ」と、カバーされていた。

プライベートなことと、あくまでも沈黙を守るちあきさん。そして敢えて公表した宍戸錠さん。その中で私は動揺を隠し、落ち着いて過ごした。

郷さんは何事もなかったかのように、ふいに事務所へ帰って来られる。

中止になった打ち合わせもある。ちあきさんのスケジュールも確認していただかなければならない。年末へ向けて、営業の仕事も仮状態のままだ。

早く、早く……郷さんが来られるのは今日か、明日か……。

休日、私は何も考えないようにしながら、一人で代々木公園を散歩した。

夏の終わりを告げるような、穏やかな風が吹いた。

不吉な予感がしたというわけではないが、最近の余りにも穏やかなちあきさんの表情が脳裏を過った。その瞬間、私は確信した。

「もうだめだ……万策尽きたのだ……」

今は、「その時」を前にした一瞬の静寂なのだ。

決めたくはない覚悟を決めた。

ちあきさんは、ちあきさんは一緒に死ぬつもりでいる……。

郷さんがいなくなったら……ましてやちあきさんもいなくなったら……。

私は、必死に地に足をつけ、歩いた。


「うーん……」

ちあきさんは頬に手を当て、首を傾げられている。

私は十月のスケジュール表を作り、ちあきさんにお渡しした。既に後半、一本のディナーショーが決定していた。後は仮で埋まっている。

「できないと思う……」

はっきりと、ちあきさんの小さな、囁くような声が聞き取れたが、私は聞こえないふりをしながら仕事の詳細を話し続けた。こんな状況で話すことではないにもかかわらず、言葉を次から次へと吐き出した。ちあきさんに何も言わせないように、その隙を与えないように。

無理なのだ。郷さんは一刻一秒を争っている。はっきりと分かった。

だが、どんな言いようがあろうか。

「郷さんはもう死んじゃうんですか？　ちあきさんは後を追うつもりですね？　だから仕事ができないのですね！」

そう言っているのと同じだった。

ちあきさんは、了解することなく、スケジュール表を収め、私に背を向け、病室へ帰って行かれた。その背中を、私は引き止めることはできなかった。

その日の深夜……。

第五章　終幕

第六章　永訣

「ごめんなさい……ごめんなさいね……」

その日

九月十一日深夜、私の部屋の電話が鳴った。

二時を少し過ぎている。覚悟はしていたものの、早過ぎる。

壁に掛かる電話機を、私は睨みつけながら、更なる覚悟を決め受話器を取った。

「郷さん……死んじゃった」

電話は、ちあきさんと共に看病を続けられていた、郷さんのお姉様からだった。

決めた覚悟は瞬時にして吹き飛ばされ、頭の中が真っ白になった。いざ現実を突きつけられると、何も分からなくなる。私は震えてくる膝頭を蹴り飛ばしながら、

「ちあきさんは、ちあきさんは大丈夫ですか！」と叫んだ。

「……郷さんに付いてる」

「大丈夫なんですね？」

「……」

お姉様は何か声にならない言葉を発している。

「すぐ病院へ向かいます」

そう言って電話を切った直後、身体が小刻みに震え始めた。心臓の鼓動が高鳴り、震えは大きくなって全身を包み込んだ。

しっかりしろ……しっかりしろ……そう自分に必死で言い聞かせても震えは治まらない。行かなければならない……しかしどうにもならない。

私はアイドル歌手のビデオを流し、観た。神経を現実とは全く関係のない世界に集中させようとしたのだ。じっと、震えの治まりを待った。

夜明けだ……。

行かなければならない……行きたくて行くのではない。ただ、行くしかないのだ。

私は車を運転し、国立がんセンターへ向かった。


病院へ着くと、ロビーでお姉様と会った。言葉は何も出て来ない。ただ、お姉様の手を握った。お姉様はむせび泣きながら、何度も頷かれた。

「……ちあきさんは？」

「……大丈夫」

「早く病室へ戻ってください。僕はここで朝を待ちます」

ちあきさんのことが気懸りだった。

ちあきさんは、郷さんが息を引き取った時、咄嗟に、無意識に、後を追おうとした。お姉様と看護師が必死で止めたのだ。

第六章　永訣

――後年、私はお姉様からこの話を聞いた。

今、ちあきさんの姿を見る勇気はなかった。私には酷過ぎた。お姉様と別れ、私はまだ薄暗いロビーの椅子に座り、じっとしていた。周りには誰一人いない。しかしこの建物の中に、郷さんとちあきさんがいる。否、郷さんはもういない。郷さんは亡くなったのだ。電話でお姉様がそう言われたではないか……。

でも、でも、でも、生き返るかもしれない。ちあきさんが呼び戻すかもしれない。郷さんは、映画の中では何度も何度も死んだではないか。ファーストシーンで死んだこともあったではないか。郷さんの幾つもの死の一つにすぎないのではないか。

これは映画か……私は目を閉じ、現実に抗った。

眠ってしまった……しかし、ほんの数分だろう。辺りはまだ薄暗い。

私はここで何をしているのか……郷さんの死を確かめようともせず、ちあきさんの許へ行こうともせず……独りで……。

ふと、人の気配を感じた。私が座っている長椅子の横を、誰かが通り過ぎた。静まり返った建物の中を、こんな時間に出口へ向かっている……。

目を凝らしてその後姿を見ると、それは間違いなく宍戸錠さんだった。がっくりと肩を落として歩いて行かれるその姿を見た時、私の中の「でも」が消えた。

郷さんの死が確かなものとなってしまったのだ。

これからどうすればいいのだろうか……。

呆然としながら、私は行くべき方向に背を向けて歩き、車に乗った。

何処へ行けばいいのか、分からないまま車を走らせた。外はいつもと何も変わらず、ただ普通の朝を迎えようとしている。

私は精神と肉体の結び目が解けてゆくのを感じた。

郷さんは今、闘い終わったのだ。

郷さんの命は、ちあきさんから奪い取られたのだ。

郷さんは、死んでしまったのだ。

それは、「ちあきなおみ」の死だった。


私は、郷さんが帰って来ると信じていた事務所へ行った。

しかし、郷さんはもう二度と帰って来ない……。

いつもの出社時間より数時間は早い。本能的に、熊倉さんの家に電話をかけた。電話でもいい。一人ではいられなかったのだ。

「社長が……亡くなられました」

私は自分自身に言い聞かせていた。

「今から病院へ迎えに行きます。また連絡します」

自分の行動を、誰かに分かっていてほしかった。

私は自分の吐いた言葉通り、再度、国立がんセンターへ向かった。

病院の霊安室では、入り口脇の椅子に、宍戸錠さんはじめ、郷さんのお兄様、お姉様が、言葉もなく座られていた。私は一礼し、中央に安置されている郷さんと、その横で椅子に座り、郷さんの枕を抱きしめているちあきさんの許へ向かった。

ちあきさんは固く目を閉じ、唇を噛み締め、哀惜の想いに耐えている。

掛ける言葉など何も出て来ない。

すぐ傍に、郷さんが眠っている。

魂で結ばれていた御二人の間には、越えることのできない距離ができてしまったのだ。

心が締め付けられてゆく。

私はちあきさんの腕に触れた。

「帰りましょう……」

ちあきさんは、消え入りそうに心もとない表情だった。支えがなければ立てなかった。

搬送車が到着し、南麻布の自宅マンションへ帰る。

運転手には場所が分からないので、私が先導することとなった。後に、郷さんとちあきさんが乗られた搬送車、宍戸錠さんの車と続く。

裏口からの出発となったこともあり、私は道に迷ってしまった。大通りへ出て、Uターンした。無駄な遠廻りだ。最後の最後でやってしまった。

「郷さん、ごめんなさい。だけど、こんな道を前もって調べることなんてできるわけないじゃないですか！」

七か月前の二月、入院のため、郷さんとちあきさんと車で来た道を引き返している。

「いつも俺の後ろにいろ」と言っておきながら……。

「何故こんな形で先導させるんですか！」


「青だよ」

後ろの席からの郷さんの長兄の声に、ふと我に返った。麻布十番の交差点だった。私は急いでアクセルを踏んだ。もう少しだ。

バックミラーを覗くと、郷さんに寄り添っているちあきさんの姿が見える。しかし、郷さんの姿は見えない。

いつもちあきさんの横にいるはずの郷さんが見えない！

マンションに到着し、柩をリビングに安置した。

去年引っ越して来たマンションは、仕事と闘病に追われていたため、まだ荷物の入った段ボールが所狭しと積まれていた。

先ずは部屋の片付けから始めた。ちあきさん、宍戸錠さん、お兄様、お姉様、私とで、段ボールを別室へ運んだ。言葉もなく、黙々と何度も部屋を行き来した。

一段落ついたところでお兄様は帰られた。そして、葬儀、告別式はどのような形をとるのか、マスコミにはどう公表するのか等、宍戸錠さんがちあきさんに尋ねられるが、ちあきさんは嗚咽を漏らし、思い出したかのように柩に駆け寄り、郷さんの死を確認しては、柩に縋りついて声を出して泣かれた。誰も何も言えない。ただ、部屋には悲痛なちあきさんの泣き声が響いていた。

錠さんが私に目配せをした。

取り敢えずここは、食事を摂るべく、買い出しに外へ出ようということになった。

私は錠さんの車に乗り込み、尋ねた。

「これからどうすればいいのでしょうか？」

「あの二人は悪い子達じゃないが、二人の世界に入り込み過ぎている……俺はずっと心配してたんだ」

質問の答えにはなっていなかった。私はこの時、何を言わんとされているのか理解できなかったが、今思えば、この物語の全てを言い表していたのだ。

そして錠さんには、昔の仲間も含め、郷さんにお別れしたい人間を集めて、告別式を執り行いたい意向があるとも感じた。

マンションへ戻り、マクドナルドで買ってきたハンバーガーやポテト等を並べ食卓を囲んだが、ちあきさんは全く手を付けなかった。憔悴し切って、ものが喉を通る状態ではないのだ。錠さんも周りの人間を気遣われ、無理に食べている感じだ。

会話はない。無関心に時が刻まれる音だけが聞こえてきそうだ。

ちあきさんは、刻一刻と過ぎてゆく時を、耐えられない様子だった。

郷さんを連れ、時は遠く過ぎてゆく。ずっと、永遠に、遠ざかってゆく……。

今後の結論も出ないまま、錠さんは撮影のため、帰られた。

部屋には郷さんの御遺体、ちあきさん、お姉様と私が残った。

マスコミに告知を行うのか、密葬とするのか。

芸能界か「二人の世界」か。

密葬

「密葬という形をとりたい」と、ちあきさんが仰った。

そして、ごく親しい関係者に電話で報告を行った。

昼過ぎ、テイチクレコードの東元晃さんが来られた。ちあきさんが最も信頼され、芸能界に於ける父親的存在でもある方なので、葬儀等、親身になって相談にのって下さった。

葬儀となると、宗派等が分からない。東元さんは葬儀社に連絡を取り、ちあきさんとひとつひとつ確認をされていった。

この日から、お姉様はマンションに泊まり込まれた。ちあきさんは郷さんに付いてゆくつもりだ。一人にしてはいけない。

危険だ。

ちあきさんを監視しなければならない。

第六章　永訣

翌日から、私の出勤場所は事務所ではなく、ちあきさんの自宅マンションとなった。あくまでも自主的に通った。

朝、マクドナルドでコーヒーを買い、ちあきさんに届けることが日課となった。そうでもしなければ、何も飲まない、何も食べないのだ。

石渡紫晶さんが弔問に来られた。前年行われた、ちあきさん主演の舞台『ソングデイズ』のプロデューサーを務められた方だ。石渡さんは、郷さんとちあきさん、御二人の在り方に、大変感銘を受けられていた。

石渡さんは郷さんを前に、

「社長……本当にお疲れ様でした」と、長く頭を下げられた。

この頃はまだ、郷さんの御遺体も安置され、そこに存在を感じていた。

事務的な後処理にも追われ、ちあきさんも辛うじて、時を誤魔化すことができた。

葬儀が執り行われる六本木のお寺へ移動した。お通夜である。

密葬の形をとり、マスコミにも伏せていたので、弔問客と言ってもレコード会社の社員ら数名のみである。私はその関係者達と葬儀の段取りや、参列者の確認等の話をしていた。私はその最中、どことなく「ちあきなおみ」のスタッフに、宍戸錠さんに対する敵対心のようなものを感じた。郷さんの実兄であり、この場所に今こうしているのも、錠さんから始まったと言ってもいい絶対的な存在だ。日活アクション映画を牽引し、時代をブームに巻き込み、郷さんを映画界へ引き入れ、ちあきさんに紹介したのも錠さんだ。

しかし、五月、錠さんがマスコミへ郷さんの病気のことを公表した件もあり、郷さんとちあきさんを真ん中にして対立構造ができ上がっているような感じだったが、私はスタッフ側が一方的にいきり立っている印象を受けた。御二人のことを気遣っているのは、あなたではなく我々だ、と。

私は正直、そんな状況に腹が立って仕方なかった。それはこの時、郷さんを失い、悲哀に包まれたちあきさんを、ある種の利己的な独占欲で翻弄しているかのように思えたからだ。しかし、関係者の欲とは関係なく、錠さんと、郷さん、ちあきさんとの確執は、人生観や生き方の違い等、実際に、複雑に幾つもの糸が絡み合っていたのだ。

お通夜は、東元さんはじめ、レコード会社のスタッフ二名、石渡さん、熊倉さん、お姉様、私のみで行われた。それぞれが郷さんとの思い出等を語り、時には笑い、郷さんの遺志を継いでゆく意向を示した。

しかし、私は笑えなかったし、郷さんの遺志を継いでゆくことなど誰ができるものだろうかと疑問だった。ちあきさんは黙して語らず、だったが、本当はこの場ではなく、郷さんと二人きりの時間を過ごされたかったことと思う。

深夜、ちあきさんは長い髪を切った。

第六章　永訣

郷さんの葬儀は、九月十四日に、密葬という形で執り行われた。参列者は二十名にも満たない人数で、秘めやかに行われた。

祭壇の中央に柩が安置され、御親族と、ごく親しい関係者と、二手に分かれて式が始まった。

読経が始まる。

ちあきさんは、郷さんの遺影から片時も目を離さず、片時も涙が止まることはない。

遺影はちあきさんが選ばれたお写真で、ニヒルな眼差しを遠くに向ける、日活アクション映画時代のものだった。その遺影と、私の中の郷さんは重なり合うことがない。私にとって郷さんは、ちあきさんと一体化している。ちあきさんの言葉は、郷さんの言葉だった。

よく怒られた。けど、よく褒めてくれた。

よく労ってくれた。嘘をつくと見抜かれた。いつも許してくれた。

大きかった。いつも後ろにいたかった。怖いものなんかなかった。

強かった。

格好よかった。テレ屋だった。

ガキ大将みたいだった。

怖かった。

優しかった。もっと見ていたかった。

いつもいつも、ちあきさんを思っていた。

微笑みかけてくれた。

こんな私をセガワ事務所へ入れて下さった。一番身近な人だった……。

私はもう自分を抑制することができなかった。泣けてきた。泣けて泣けてどうしようもなかった。肩を震わせて泣いた。後ろの席からハンカチが差し出された。遠慮などできない程、涙が零れた。私は生まれて初めて、本当に泣いた。

「郷さん、すいません。郷さんのために泣いているのではありません。ちあきさんのためでもありません。寂しいです。私は郷さんがいないと寂しいです……」

焼香を終え、喪主のちあきさんが挨拶をされた。

「郷さんは、本当に無欲で、本当に清らかに生きた人でした」

ちあきさんの涙は止まらない。

「俺は嘘や虚栄心は大嫌いなんだよ！」

私が車をぶつけて惚けた時、そう怒られた。反省した。郷さんは、本当に美点を認めて育み、欠点を消して下さる存在だった。もっともっと多くを学びたかった。

「ごめんなさい」

「到彼岸の道のり、少し辛い旅となります」

焼香が終わると、住職が法話を述べた。ちあきさんは、号泣された。郷さんの苦しみが耐えられないといった様子だった。それは自分自身の痛みなのだと思う。

参列者の献花が行われた。ちあきさんは柩の横に座り込まれ、郷さんの顔を見詰め続け、「ごめんなさい……ごめんなさいね……」と、呪文のように何度も何度も、繰り返し繰り返し、話し掛けられていた。私は「ごめんなさい」というちあきさんの言葉が、強く心に懸かった。

柩の蓋が閉じられる時、ちあきさんは、切った髪を束にして納め、郷さんの唇に接吻した。

郷さんを乗せた霊柩車はお寺を出発し、広尾へと走った。郷さんが常駐していたコレドの前を通るためだ。

「郷さんがカウンター席で、忙しく電話している姿が目に浮かぶなあ……」

東元さんが仰った。私が入社面接のため、初めてコレドへ伺った時、郷さんはそのカウンター席から微笑みかけて下さった。

桐ヶ谷斎場に到着した。本当にお別れの時が来た。納めの式で、僧侶の読経後、ちあきさんは柩の小窓を開け、もう一度郷さんのお顔を見られ、最後のお別れをした。

柩がストレッチャーから火葬炉へ移され、生と死の世界を遮断するかのように素早く鉄の扉が閉められた。

その瞬間、ちあきさんは郷さんの後を追うように一、二歩前へ駆け寄り、泣き声とも叫び声とも言えぬ、小さな声を上げられた。水平線の向こうに沈んでゆく希望が、ついにその姿を消した時のように。

誰が何を言ったのか、どこでどう脚色されたのか、この時ちあきさんが、

「私も一緒に焼いて！」

と言ったと報道され、今でも事ある毎にそう書かれるが、それは間違いだ。

ちあきさんは言葉もなく、心身ともに崩れ落ちそうになった。

横にいた私は、その身体を支えることしかできなかった。


郷さんが荼毘に付されている間、待合室で待機した。

ちあきさんの傍に付いていることは気が引けた。

私は郷さんの御親族と他愛のない話をしながら、時折ちあきさんを窺っていた。ちあきさんは独り、俯いたまま虚空を見詰めていたが、何も見えていない様子だった。何か思い出しているのだろうか……否、そうではない。思い出す力さえ、もう残ってはいない。

喪服に身を包んだちあきさんは、痩せて、儚げだった。

火葬後、収骨室で、ちあきさんと御骨箸で郷さんの骨を拾った。郷さんの姿形はない。参列者全員が様々な思いを胸に抱き、儀式を終えた。骨壺を白木の骨箱に納め、白い布で包んだ。

郷さんの御遺骨、位牌、遺影と共に、南麻布の自宅マンションへ戻り、リビングに安置した。そして、長い長い黄昏の日々、四十九日が始まった。

直筆コメント

神様が書いたプロットなのか、映画の展開が変わるかのように、状況は一変した。

主役の郷さんがいなくなってしまった。

私はちあきさんの自宅マンションへと毎日押し掛け、一日中そこで過ごした。お姉様は引き続き当分の間、泊まり込むこととなった。

今、郷さんに近付いていこうとするちあきさんの周りで、ああでもない、こうでもない、と言っていれば、ほんの少しは気も紛れるであろうし、食事を摂ってもらうこともできる。何よりも、絶対に一人にしてはいけないという思いが、お姉様と私の暗黙の了解だった。ちあきさんを引き戻さなければならない。テレビをつけっ放しにして、無音の状態を避け、無理に目の前の問題を話した。

それは、マスコミへどう公表するかである。ちあきさん御本人は、インタビューを受けられる状態ではないし、その気も皆無なので、所属レコード会社のテイチクレコードが代理で会見を開き、事後報告することになった。

そして、連日に渡り、新聞各紙、テレビのワイドショーで取り上げられた。

ある朝のワイドショーで放送された内容はこうだった。

「ちあきなおみの夫で　宍戸錠の実弟　郷鍈治さん　がんで死亡」

「献身愛むなし　ちあきなおみ　最愛の夫　肺がん死」

「ちあきなおみ悲痛　最愛の夫・郷鍈治さん　肺がんで死去」

画面は、国立がんセンターの遠景を捉えたルーズショットから、カメラが上階の病室へと近寄り、カーテンの閉じられた部屋を映し出す。

そして、五月に報道された時と同じく、昭和四十九年に郷さんとちあきさんが出演された『ラブラブショー』でのツーショット映像、前年の郷さんのお母様の葬儀の時の模様へと変わる。そして、昭和三十八年に公開された鈴木清順監督の映画『野獣の青春』での、郷さんと宍戸錠さんの共演シーンのフィルムが流れる。

スタジオに画面が切り替わると、司会者とリポーターが沈痛な面持ちで、

「葬儀等は全て終わっているんです」

と話し、郷さんとちあきさんのこれまでの経緯等、五月の報道時とほぼ同じことを繰り返した。違うのは、郷さんが亡くなったという事実と、ちあきさんの現在の心境を推測で話したことだ。何も素材がないのだ。

レコード会社の会見は、当時の宣伝グループ次長、山中明さんが代理で行い、一局だけが放送したが、欲しいのはちあきさんのインタビューである。どうにも治まらないということで、書面でいいので、ちあきさんのコメントが欲しいとレコード会社から連絡が入った。

「故人の強い希望により　皆様にはお知らせせずに身内だけで鎮かに送らせていただきました　主人の死を冷静に受けとめるには　まだ当分時間が必要かと思います　皆様には申し訳

ございませんが静かな時間を過ごさせて下さいます様よろしくお願い申し上げます　ちあきなおみ」

私はちあきさんに確認を取り、事務所スタッフの熊倉さんとこの書面を作り、ファックスでレコード会社へ送った。

ちあきさんに確認を取り、と書いたが、ちあきさんは書面を見せると、

「はい……」

と、言われただけだった。ちあきさんはこれまでの看病の疲労と、郷さんを亡くした悲しみに黙し、生きる焦点を失い、その眼差しは、ここではない何処か遠くへと結ばれていた。

昼のワイドショーでは、ちあきさんの直筆コメントとして発表された。

今に至るまで、このコメントが取り沙汰される度、私は些かの罪悪感を覚える。それはちあきさん本人のコメントとして発表したことではなく、文面の内容がそのままイメージされ続け、それが現在も当てはまってしまうこと、にである。

少なくともこの時は、我々スタッフも、ちあきさん御本人も、今後のことは頭の中にはなく、事実上引退という結末を描いていたわけではなかったのだ。あくまでもこのコメントは、マスコミに対する応急処置だった。

ちあきさんは、しばらくワイドショーを眺められていたが、興味なさそうに、リモコンを取ってテレビを消された。興味がないと言うよりは、報道されることによって未だ信じたく

はない郷さんの死が、その思いを飛び越えて、更新されてゆくのが耐え難かったのかもしれない。

兄弟間の軋轢と氷解

事務所には、ひっきりなしに電話がかかってきた。全てマスコミから、ちあきさんへの取材の申し込みだったが、対応し切れないので留守番電話にしておいた。

いつものように、私はちあきさんの自宅マンションへ出勤した。するとお姉様が、電話でどなたかと口論されていた。そして電話を切り、私に、

「錠さんが怒っちゃった……」

事務所では連絡が取れないとなれば、マスコミ各社の依頼は宍戸錠さんに殺到する。ちあきさんは取材には一切応じないので、そのことに錠さんは怒ったのだと私は察した。

昼のワイドショーでは、自宅前で取材に応じる錠さんの映像が流れていた。

この時のインタビューには、錠さんと、郷さんとちあきさんとの関係性、御二人への思いと気懸りがすべて現れていた。そして、ちあきさんのこの先のことについて、警鐘を鳴らされた。また、この時答えられた錠さんのある思いがきっかけとなり、ちあきさんと断絶状態となる。

インタビューで錠さんは、闘病過程を振り返り、

「ちあき君とのねえ、完全な二人の世界に入ってしまってるから、ずっと長い間ねえ。だか

ら、うーん。それはとても美しくて善いことではあるんですが、ある意味で、その、社会的にねえ、共存共栄してるってことすらも忘れてしまう、みたいなとこがあるから、そういうことを結構、僕は注意してました」

と語った。リポーターの、

「ということは、ちあきさんは本当に郷さんのためだけに生きていらっしゃると？」

という質問には、

「そうですね。だから最近は仕事も一切しないで、ずっと付きっきりだったんじゃないですか？　それと僕の長姉が交代で付いてました。本当に最後の一週間位は、精神的にも肉体的にも疲労困憊の極みと言いますか、看病してる二人の方が危ないということがあったから」

と答え、マスコミが一番、関心があるであろう、

「ちあきさんは現在、憔悴していらっしゃいますか？」

という問いには、

「結構、うん。（立ち直るまで）三か月位かかるんじゃないかな。僕はもの食べてるの見たことないしね」

そして、密葬という形をとったことについても、

「お通夜、葬儀、告別式があるとすれば、僕はどっちかと言うと、こういう世界で生きてるわけですから、皆さんのこともあるんだし、そういう格好でちゃんとやれば？　ということも言ったんですけど、その、非常にその、秘めやかにね、秘めやかにしめやかに、というの

が、二人の何か、最後まで、人生観と言うか、死んだ後もそういう格好で、結束の固い御二人でしたから」

続けて、日活時代の友達も来ず、総勢二十名くらいで最後のお別れをしたとし、

「今回は、まあそういう秘めやか風で密葬という形をとったんですが、また何か皆さんの要望があれば、まあ本葬ではないけれど、宗教の形をとらなくても、皆で思い出して、喋って、鋲治のやつバカだったなっていうことをね、皆で話し合えばいいんじゃないか、という格好をとればと、ちあきさんにも言ってありますから」

さらに錠さんは、郷さん本人が、癌であることを知っていたと語った。病気との闘い方について問われると、

「ちょっと下手だったね、闘い方が。今にして思うと。ちょっとした時に外へ出るとかね。駄目だそんなことしちゃって言ってもね、しょうがねえもんな、なんて言ってね。ちょっと甘いかな、闘い方がね。癌に対する。過信したんじゃないかしら。体力強かったから」

そして、ちあきさんへのメッセージとして、

「早くいつも通りの、歌手になるとか、俳優になるとか、そっちで考えていった方がいいんじゃない？　あんまりそこへね、二人の世界の中へ埋没しちゃいけない、と言いたいですね。でも本当に、二人の世界を全うしたというか、結構凄い人達だったなあ」

このインタビューで、私は幾つかのことを思った。

まず、郷さんが「病気のことを知っていた」と仰っているが、前記した通り、後年、ちあきさんは「知らなかった」と仰った。郷さん御本人も、癌ではないと仰っていた。おそらく、癌の可能性があるということで、話は微妙なニュアンスを含み、そのまま封印していたのだろう。

錠さんは、五月にそれを明らかにすることによって、真正面から戦いを挑むことを願われたのかもしれない。そして、あくまでも郷さんを俳優として認める故に、

「お前はまだ俳優として忘れられていないんだぞ！」

という無言のメッセージ、花道を用意したのだろう。それはちあきさんにとっては、過酷で辛いことだったと思われるが、私は錠さんを責めることはできない。

このインタビューに於ける錠さんの言葉の裏側に目を凝らしてみると、やはり弟である郷さんに対する愛情をお察しいただけると思う。

できることなら、盛大に見送ってやりたかった、という思い。しかし、御自分と、郷さんとちあきさんの御二人との人生観の違い、それに対する歯がゆい思い――。

やはり御二人のことを気に懸け、心配されていたのだと思う。郷さんが俳優になる道を敷かれたのは錠さんである。デビュー時には、背広を何着も作って贈る等、何から何まで面倒を見たそうだ。そして郷さんは比類なき存在感と個性でスクリーンを席捲し、「宍戸錠の弟」を超えた。そして錠さんの紹介でちあきさんと出逢い、結ばれたのだが、俳優を辞めてまでちあきさんの裏方に徹することを、錠さんは良しとしなかったのだ。

俳優を全うしてほしい。それは郷さんが俳優として、兄でありスター映画俳優である御自分も認めざるを得ない力量を持っていたからに他ならない。

「鋏治、お前は最高の悪役になれる」

しかし、まだまだこれからという時に、郷さんはちあきさんを護るために、ひっそりと身を引かれた。そのことは、錠さんには「裏切り」と見えたのかもしれない。この生き方の違いで、兄弟間に軋轢が生じた、と私は聞いたことがある。

しかし郷さんは、兄である錠さんと対照して自己を形成したのではないだろうか。兄のようにはなれない、ならば自分は、と。郷さんが兄・宍戸錠のことを話して下さった時の口調や表情に、どこか憧れのようなものが含まれているのを私は感じていた。

錠さんのインタビューが放送された時、この前年に亡くなられたお母様の葬儀で、郷さんがインタビューを受けられている模様が流された。

「自分は親に一番迷惑をかけ、一番親不孝をした。でも、五人兄弟の中で、兄貴が一番親孝行だった。本当に感謝している」

その時、錠さんは郷さんをじっと見詰められていた。郷さんの言葉は、兄を立て、自分は悪者になるという、郷さんの人間性が現れている。自己への深い洞察がなければ、カメラの前で言えることではない。そして錠さんも今回のインタビューで、郷さんの生き方を認められている。自分にはできない、と。

長い時間はかかったかもしれないが、思い出話や例え話を交えながら郷さんを語る姿に、私は兄弟間に於ける壁の氷解と、兄弟愛を感じた。

そして何よりも、気丈に明るく振る舞われてはいるが、やはり寂しそうな姿だった。弟の死を、しんみりと話したくない、という思いと、悔しさみたいなものが交錯し、逆にがっくりとした心が現れているように感じられた。

もうひとつは、ちあきさんに対しての忠告ともとれる言葉だ。

「二人の世界の中へ埋没してはいけない」

私は埋没とは思わないが、今となってみれば、この先のことを見抜かれていたかのようなこの台詞が、身に染みるのである。

涙は涸れない

納骨までの四十九日、自宅マンションには少人数ではあるが、入れ代わり立ち代わり関係者が来られ、郷さんを偲ばれた。ちあきさんはひとりひとりとお話をされた。皆さんが話される郷さんとの思い出話に、

「私の知らない郷さんの様々な一面を知ることができて嬉しい」と仰っていた。

時には笑い、時には号泣された。感情という舞台の上で踊る少女のようでありながら、動かすことのできない悲しみは深く影を落とし、話されたかと思うと急に黙り込むなど、時折心の起伏の大きさが現れていた。

私はまるで相撲の行司のように、ちあきさんと訪問客の真ん中に陣取り、お話を聞いてい

た。私個人は、郷さんとの関係はあまりにも最近のことで、まだまだ思い出には変わっていなかったし、忘れてはいないので思い出すこともなかった。

葬儀には出席されなかったある関係者の方が、どうしてもと、お焼香に来られた。姿のない寂しさ、遺骨を前にただ、言葉なく男泣きされた。偏った考え方かもしれないが、故人との思い出を好き勝手に喋られるよりも、こういう時に思いを胸に秘め、抱き続けることが美徳というものではないだろうか。


ある関係者が私に言った。

「悲しいかな、涙というのは思い出と共に涸れるものだ。ちあきさんも直《じき》、元気になって歌うよ」

郷さんとちあきさんの傍にいた私は、この言葉に耳を疑った。

「涸れるものか」

私は「ちあきなおみ」のスタッフでありながら、「もう歌ってほしくない」と、不謹慎にも、ちあきさんの淑徳と貞節を信じていた。

あまりにも私は嫉妬深いのだろうか。

出入りされる関係者は、ちあきさんに早く元気になってもらいたい、という一念からなのだが、知り合いを連れて来られたり、手料理を持ち込んで振る舞われたりと、郷さんという壁が無くなったことで、些かちあきさんへの入り込み方がエスカレートしているように思えた。今までの距離感が崩れ、節操というものがなくなりつつあった。

ある日、私の母が、どうしてもお焼香したい、と言い出し、名古屋から東京へ出て来た。私は状況を説明したが、母も引かない。ちあきさんに報告すると、

「どうぞ、いらっしゃってください」

と言われるので、母とマンションへ伺った。私は母を連れてそそくさと帰ろうとすると、ちあきさんは、

「もう少しゆっくりしていってください」

私はもうこれ以上はと思い、母を促すと、ちあきさんは突然、泣き出されながら私を制し、「私……寂しいから」と、私の手を取って揺さぶられた。

私は母を送り、「早くちあきさんの処へ帰りなさい」という言葉に従った。


この頃のちあきさんは、片時も離れずに関係者が傍にいなければ、時間を過ごすことができなかったのだろうと思う。現実には、郷さんはもういない。ちあきさんは、紛れもなく独りになってしまったのだ。

夜、私が帰ろうとすると、寂しそうな顔で引き留めようとされることもあった。私はどうしていいのか分からず、ただ、ちあきさんの顔を見る。目と目が合い、しばらくは無言だ。

思えば、私は入社以来一年、ちあきさんの顔をまともに見たことがなかったと言っていい。大スター故に、どうしてもちあきさんを前に、物怖じしていたのかもしれない。話をしてい

る時も、面と向かっているのだが、私の目は泳ぎ、自分から逸らしていたように思う。しっかりとちあきさんの顔を見詰めると、あの「ちあきなおみ」ではない、ちあきさんがそこに居た。僭越な言い方だが、寒さに震える子猫のような、両手で包み込まなければ今にも死んでしまいそうな、切なく愛しく思える少女のように見えた。

「もしもし、私です」

「ちあきさん、どうかされました？」

「なんだか心細くて……」

「今から事務所を出て、そちらへ行きます」

電話でのこんなやり取りもあった。

この頃、ちあきさんの涙を見ない日はなかった。

「死って何だと思う？」

ある日、自宅マンションで、ちあきさんとお話をしていた。

「死ぬって、死って何だと思う？」

ちあきさんは私に聞かれた。私はそんなことを考えたこともなかったが、

「魂というのは、肉体が滅んでも、この世に存在するんじゃないですかねえ」と、話をポジティブに転換させようと試みた。ちあきさんは何も仰らない。

私は取り繕うように、

「郷さんの命は、献身という愛を通して、ちあきさんが受け取ったんじゃないでしょうか。だから郷さんは、完全にちあきさんのものになった」

私は、ワイドショーで加納典明さんがコメントされたことをそのまま言った。全く質問の答えにはなっていない。しばらくの間があり、

「私は……死ぬっていうのは、何かこう、ふうっと、消えちゃう……消えて無くなっちゃうという気がする……」

ちあきさんがポツリと仰った。私はこの言葉が正に的確で、それ以外に正解はないと感じたが、それはあまりにも虚し過ぎ、あまりにもネガティブな雰囲気になるので、

「でも、こちら側から郷さんに思いを発信することによって、郷さんの声が聞こえ、我々を導いてくれるんじゃないでしょうかねえ」

と、迷信めいたことを言ったりした。しかし、どんなに前向きな言葉も通用しなかった。

散歩

家にばかり居ては益々ストレスが溜まるので、何とかちあきさんを外へ連れ出そうと、私はよく散歩にお誘いした。

元々、外へ出るのがあまりお好きではないちあきさんだが、気を紛らわすには好い時間だった。散歩と言っても、夕刻、自宅マンションの横にある、有栖川公園をぶらぶらする程度だ。

閑静な有栖川公園は丘や渓流があり、起伏に富んでいる。人間の喜怒哀楽などには無関心に息をする豊かな自然は穏やかな表情を見せ、銀杏の葉が黄色に色づき、落葉前の楓が赤色を帯びていた。

ちあきさんは、胸を締めつけられるような悲しみのさなかで、ほんの少しだけ落ち着いた時間を過ごされていた。

それでも、見上げる夕空に、遠く霞む山並みに、ちあきさんが哀訴するかのように向けられる眼差しの先に映るのは、郷さんの幻影であることを私は知っていた。

一時間程かけて、公園内をゆっくりと歩く。すれ違う人も、誰も「ちあきなおみ」だとは気付かない。

こんな時のちあきさんの格好は、目深にキャップを被り、サングラスをして、郷さんの黒のセーターや革のブルゾンにパンツスタイルだった。家で過ごされる時もそうなのだが、ちあきさんは喪中、郷さんのカーディガンやセーターを着られていた。まるで幼子が、いなくなった父親の匂いを、頬を当てて恋しがるかのように。

嗅覚に限らず、ちあきさんは五感で郷さんを探し求めているかのようだった。

高倉健さん

散歩中、ちあきさんが被られていたキャップは、映画『居酒屋兆治』のスタッフキャップだった。昭和五十八年に公開された、降旗康男監督・高倉健さん主演の作品で、ちあきさんも出演されている。

健さんと郷さんは、石井輝男監督『現代任俠史』や、シドニー・ポラック監督のアメリカ映画『ザ・ヤクザ』で共演されている。郷さんが健さんのお話をして下さったことがある。日活アクション映画が衰退しフリーになり、東映映画に初出演が決まった時、高倉健さんが、「撮影所の中で、何か横やりやちょっかい等、気に食わないことがあればすぐ私に言ってください」

と仰ったという。当時の映画界は群雄割拠であり、他社から進出してきたスター俳優を受け入れない一派が存在していたのだ。その標的となったのは、小林旭さんしかり、宍戸錠さんしかりだ。

高倉健さんは自らが防波堤となり、危害が加えられぬよう、取り計らったのだ。

映画『現代任俠史』は私も観たことがあるが、郷さんの高倉健さんへのリスペクトが、役を超えて垣間見られた。郷さんが亡くなってから毎年、命日には高倉健さんから、心が込められたお線香が届けられた。

第七章　交錯

「そろそろ、普通に戻りましょう」

ちあきさんとの雑談

自宅マンションには、毎日のように関係者が来られた。そのスケジュール調整が私の仕事の一つになってしまった。

「ちあきさん、早く元気になってください」

「早く復帰して、また歌ってください」

「皆でピクニックにでも行きましょう」

皆さん、ちあきさんに少しでも前向きになってもらいたいという一念だった。しかし、業界の方達なので、その根底には「仕事」があったと思うのだ。それは決して非難することではなく当然である。私は当時二十五歳。周りの大人達の中で、一人だけ若く、無知で、歌手である「ちあきなおみ」の偉大さを表面でしか理解できていなかった。私にとって大事だったのは、復帰とか歌ではなく、郷さんとちあきさんの愛の姿、二人の世界だった。

僭越ながら、今ちあきさんの傍にいることが、私の役割なのだ、と思い込んだ。そう思い込んでしまった以上、私はある意味、「ちあきなおみ」に対する遠慮や幻想がなかったのだ。今思えば、随分と生意気なことも口にした。そんな私だったので、ちあきさんも気兼ねすることなく、本音を仰ることができたのではないだろうかと思う。


「私達は、親子みたいなものね」

「親子ですか？　姉弟、恋人ではいけませんか？」

「……」


「古賀さん、明日はゆっくり休んでください」

「別にすることもないので、ここへ来ます」

「いえいえ、休んでください」

「一人でいてもつまらないんですよ。ちあきさん遊んでください」

「……」


「ちあきさんは、どうして歌手になられたんですか？」

「プロボクサーの関光徳さんのファンで、リングに上がる時ガウンじゃなくて、真っ白のタートルネックのセーター着てて、それが何か、女性的な感じがして素敵で……芸能界に入ったら会えると思って。そういう不謹慎な理由」

「女性的って、郷さんとは逆じゃないですか。郷さんはちょっと横に置いといて、ちあきさんの好きな男性のタイプって、少し弱そうな？」

「痩せてて色白で、そう、あなたみたいな」

「またまた、ちあきさんは本当にうまいですねえ」

「……」

「どうせ私はもうオバさんですよ」

「うわあ、懐かしい！　生で聞けました。子供の頃を思い出します」

「たっち・おん・ぱ」

「ちあきさん昔、テレビのコマーシャル出てましたよね？」

「ちあきさんはステージ出る前、緊張されるんですか？」

「しますよ。酷い時は手が痺れてくることがある」

「そうですか。傍に付いていてもそうは見えなかったです。怖いものなんて何もなさそうな感じで」

「失礼ね」

「ちあきさんは歌ってる時、瞬きをしないイメージがあるんです」

「そうですか？」

「それで大きな瞳から涙がすうっと零れる」

「馬鹿にしちゃって」

「いえいえ、感情が入ってるんですね」

「涙は、ライトを見ていれば自然と出てくるものなんですよ」

こういった恥ずかしがり屋の一面もおありだ。


「郷さんとは何年位お付き合いされたんですか？」

「四年お付き合いして結婚しました」

「最初に逢った時のこととか覚えてますか？」

「家に遊びにいらっしゃいって言うから、姉と一緒に行ったら、上半身裸で仲間と麻雀してたんですよ。姉とギャーって言って、逃げました」

「郷さんらしいですね。ワイドショーで流れてた『ラブラブショー』に郷さんと出られた時は、既に付き合われていたんですか？」

「忘れました」

「郷さん、照れまくりでしたね」

「歌も歌わなければいけないから、郷さん嫌がって嫌がって、素面《しらふ》じゃもたないからと言って、本番前にビール飲んで出たんですよ」

「本当にラブラブって感じでしたね」

「また冷やかして……でも夫婦は、一緒に出てはいけませんね」

「一回きりでしたね。そして郷さんと愛を育んだんですね」

「その頃レコード会社と揉めて辞めて、しばらく休もうと思って、まあいい機会だから、そのついでに結婚しました」

「ついでって……」

「郷さんに怒られちゃうわね」

ちあきさんは核心を突くと、時に冗談で返されるものの、包み隠すことなく話して下さった。

私は芸能界での昔話もよく聞き出した。

「テレビ全盛の頃、ちあきさんは毎日のように出てましたよね」

「もう毎日毎日、大体同じ顔と一緒でしたね。出る番組も一緒だから移動も同じ電車や車で」

「どんな方達ですか？」

「佐良直美さん、和田アキ子さん、いしだあゆみさん、森進一さん、沢田研二さん……地方へ移動の時、皆で電車のホームを走って……森進一さんは足が速くてねえ……」

「『8時だヨ!全員集合』によく出られてましたよね」

「いかりや長介さんはリハーサルが長くてねえ……仲本工事さんは本当にいい方で」

「荒井注さんが辞められた時、その後釜はアチョーの人かな、と思ってたら、志村けんさんで」

「私達もびっくりしたんですよ。いかりやさんの付き人されてる方が昇格なんだって」

「ちあきさんのコント、子供ながらに面白かったのを覚えてます。お笑い系の方達にも、ちあきさんのファンは多いですよね。ものまねもよくされるし」

「私は、くどい、って言われるから、コロッケさんとかもやりやすいんじゃないかしらね」

ちあきさんはよくステージで、最初の挨拶の時、「こんばんは。コロッケです」と、観客を笑わせていた。

ちあきさんはタモリさんがお好きで、よくテレビで御覧になっていた。

「どんなところがお好きなんですか?」

「やり過ぎがないところですね」

美空ひばりさん

私はちあきさんが、美空ひばりさんのものまねをされている写真を思い出し、

「ちあきさんの美空ひばりさんのものまね、見たかったです」

「レコード会社が一緒だったので、よく御一緒させていただいてたわ」

私は今がチャンスとばかり、思い切って、美空ひばりさんのことを聞いた。

ちあきさんは、美空ひばりさんが唯一、後継者たる逸材と認めた歌手であり、唯一、歌の

上手さに嫉妬された歌手である、とレコード会社の関係者から聞いていた。そして、歌の実力で、唯一、肩を並べることができる存在である、とも聞いていた。

「ちあきさんにとって、美空ひばりさんはどんな存在ですか？　一説によると、ちあきさんの方が上手い、とも言われていますよね？」

私は例によって、若さ故の無知なる特権で聞いた。

「超えようがない存在です」と、ちあきさんは静かに仰った。

私は尚も食い下がった。

「それは、たとえちあきさんの方が歌が上手くてもですか？」

ちあきさんは、首を横に振り、

「無理です」と、仰った。

多くを語らずのちあきさんだったが、私はちあきさんの心の中に、美空ひばりさんに対する大きな思いがあることを感じた。

こんな裏話も聞かせて下さった。

テレビ番組で御一緒した時、歌っているちあきさんに、美空ひばりさんが、

「よっ！　ひばり二世！」

と、声を掛けられた。そのことに、沢田研二さんが怒っていた、という話である。

「二世とは、ちあきさんに失礼なのではないか」と。

ちあきさんは、仰った。

「沢田さんというのは、そういう方なんですよ」

不安

一日も早い復帰を願い、自宅マンションには相変わらず、毎日のように関係者がちあきさんに面会され、お話をされた。

しかし、郷さんのお姉様と私の間には、ひとつの共通した心配事があった。

ある関係者が面会を終え、私がお見送りした際に、こう仰ったのだ。

「ちあきさんと話していると、何か、四十九日が終わったら郷さんの許へ行く、というようなニュアンスがあるんだ」

お姉様と私だけではなく、関係者の方達も同じ思いだった。

私はこの頃、敢えて冗談めいた話ばかりをちあきさんと交わしていたので、

「そうですか？　今はよく笑顔も出るし、明るくなってきてますよ」

と答えたが、この関係者は、ぴしゃりと返した。

「それは君に合わせてくれてるんだよ。ちあきさんは、情念というか、普通の女性とは違う並外れた感受性を持っているから、侮れないぞ」

私はいつしか消えていた不安が蘇ってくるのを感じた。時折見せられるちあきさんの笑顔に、高を括っていたのだろうか。

「もしそんなことになったら、こうやって毎日のように顔を出していた自分達が、いったい

何をやっていたのだ、ということになる」

　しかし、どうすることができようか。ちあきさんがそう決めているのなら、致し方ないのだろうか……否、そんなこと郷さんが喜ぶはずはない！

　郷さんが亡くなられてから一か月が過ぎた頃、ちあきさんが仰った。

「そろそろ、普通に戻りましょう」

　普通に戻る、とはどういうことなのだろうか。ちあきさんは公私混同を嫌う方なので、関係者との距離感を元に戻そうという意味合いなのだろうか。

　しかし、この距離感を問題視した私自身こそ、入り込み過ぎていたのだ。ちあきさんしか見えていなかったと言っても過言ではない。この頃既に、公私という垣根は、私には存在しなかった。私こそ、今、ちあきさんの傍にいなければならない、それが私の使命である、と自惚れていた。

　病院で、抑えつけていた感情を鷲摑みにして取り出し、それでもちあきさんに投げつけることができなかった言葉を、今度こそ遠慮なく投げつけた。

「四十九日が終わったら、ちあきさんは郷さんの許へ行かれるつもりなんですよね。だからそんなこと言い出してるんですね。だとしたら、僕は普通に戻ることなんてできませんから！」

　何故かちあきさんは、私の言葉に少し微笑まれ、何も答えられなかった。

私はちあきさんの言葉を無視するかのように、それからも毎日、自宅マンションへ出向いた。

ある日の夜、私が帰ろうとすると、ちあきさんが、

「ちょっと待っててください」と言われ、奥の部屋へ行かれた。私は玄関で待機していると、ちあきさんがある包みものを持って来られ、私に差し出され、

「よかったら使ってくださいね」

私は何が何だか分からず、失礼を顧みず袋を開けると、中身は有名ブランドのクラッチバッグだった。

「えっ？　貰っていいんですか？」

私が言うと、

「私だって、あなたのこと心配してるのよ……私だって心配してるんです」

私はあまりにも感動していたが、大声をあげて歓喜したい気持ちを抑え、ちあきさんの言葉が聞こえていないふりをして、バッグを縦にしたり横にしたりし、ファスナーを開けたり閉めたりしながら、

「ありがとうございます。早速使わせていただきます」

と言うのが精一杯だった。帰り途《みち》、私は地下鉄の広尾駅までの道すがら、バッグを抱きしめて歩いた。

「ちあきさん、心配かけてごめんなさい」

と呟きながら。

ちあきさんは、見詰めれば見詰め返して下さる、そういう方なのだ。

四十九日法要

九月十一日から四十八日目、六本木のお寺で、納骨式と法要が執り行われた。

このお寺は、ちあきさんのお母様が眠る瀬川家のお墓があり、郷さんの御遺骨はお母様の横に納骨された。分骨はされなかった。

郷さんは、ちあきさんの瀬川家と養子縁組をして結婚されている。以来、瀬川鍈治として「ちあきなおみ」の裏方に徹しきり、瀬川家をも護ったのだ。

当日は小雨だった。

ちあきさんは終始無言で納骨をされた。

法要には宍戸錠さんはじめ、葬儀には列席できなかった映画監督の長谷部安春さんも顔を出され、郷さんを偲ばれた。

長谷部監督は、「日活ニューアクション」と呼ばれる時代、ハードボイルドアクションを数多く手掛けられ、郷さんも多くの作品に出演されている。

「俺が俳優を辞めても、未だに声を掛けてくれる。そろそろやるかな」

と、郷さんも冗談で仰っていた。長谷部監督は、「郷鍈治」が大好きだった、と聞いている。

自宅マンションへ本位牌と共に帰ると、本当に郷さんがいなくなってしまった、との実感が湧いてきた。

その後数日間は、郷さんの不在を否認するかの如く、関係者が映画会社から特別にお借りしてきた、郷さんが出演されている映画のビデオや、プライベートで海外へ旅行された時の模様が映ったビデオ等をちあきさんと見て過ごした。このプライベートビデオは、セガワ事務所の社員旅行の時のもので、毎年ハワイやオーストラリアへ出向いて、休日を過ごされていたらしい。

「古賀さんは一度も行けなかったですね。大変な時にうちに入ったから……」

ちあきさんが気遣って下さった。そして、

「まだうちにいてくれますか？　私はいてほしい」

私は今ここにいることが、郷さんとちあきさんへの誓いを守ることだと信じ、この言葉に甘えさせていただいた。

私如きに、敢えてそう仰って下さり、その後七年間に渡りお世話になったちあきさんには、今、感謝の念しかない。

義兄・宍戸錠さんとの確執

ある日、一通の封書が宍戸錠さんより届けられた。

それは「郷鍈治・追悼式」への招待状だった。日活時代の俳優仲間が中心となり、宍戸錠さんが開かれる予定の「偲ぶ会」だった。

私は封筒の中から返信用葉書を取り出し、ちあきさんにお見せした。勿論、欠席は承知の上だった。

ちあきさんは首を横に振られた。もし出席すれば、マスコミの取材に応じなければいけなくなるし、「郷鍈治・追悼式」は、二人の世界とは無縁だ。前記した宍戸錠さんのインタビューにもあったが、これはどうすることもできない生き様であり、人生観の違いなのだ。

錠さんはそれを百も承知で、ちあきさんの参加を要望されたと思う。形はどうあれ、そこには郷さんとちあきさんへの、深い配慮があった。それはちあきさんも心得られていると思う。

私は「欠席」に印をつけ、返信した。

「郷鍈治・追悼式」は、翌年の平成五年二月二十六日に執り行われた。

会場入り口に、錠さんが描かれた郷さんの素描が飾られ、小林旭さん、渡哲也さん、藤竜也さん等、日活アクション映画時代の仲間が集まり、偲ばれたということだった。

ちあきさんの不参加をきっかけに、錠さんとは断絶状態となるのだが、それは言葉の表現であり、芸能界での言い草である。

ただ、それぞれに、崇高なる譲れない愛があったのだ。

その後、錠さんは週刊誌等を通じて、ちあきさんに向けエールを送り続けられた。

「週刊新潮」のインタビューでは、

「君は歌うために生まれてきた。頼むから歌ってくれよ」

「郷鍈治のために、レクイエムを歌えよ。もう一度歌えよ」

と、ちあきさんの復帰を切望されている。

私は、この錠さんの言葉の背景に、郷さんの死と同時に歌うことを封印した「ちあきなおみ」へ、その才能への名残り惜しさと、御二人を引き合わせた御自分への自責の念を感じた。

令和二年一月十八日、宍戸錠さんは逝去された。

「ちあきなおみ」の復帰を、誰よりも心待ちにしていたのは、錠さんだったのかもしれない。

第八章　憂愁

「郷さんと結婚した頃、私はよく郷さんの
男友達に嫉妬されたわ」

「……歌えない」

四十九日の法要を終え、どうしても、ちあきさんと話し合わなければならない仕事の話があった。

三か月程前に既に決定していた、地方都市のホテルでのディナーショーだった。

通常、営業の仕事は、プロモーターが仲介役として入る場合と、ホテル側から直接、出演依頼を受ける場合がある。今回の場合は後者である。

ちあきさんも了承はされていたものの、時が時である。

ホテル側は既にチケットを発売し、宣伝も行っている。私は担当者に現状を逐一知らせ、キャンセルという可能性もあることを伝えていた。しかし担当者は、それは万が一、という受け取り方をされていた。私もそろそろ諸準備を始めなければ、と思っていた。

「できない……歌えない」

ちあきさんは思案の挙句、呟かれた。

私も相手はちあきさんだ。そう仰るからには、私如きが立ち入ることのできない領域に於いての決断である。ステージに立つ人間の気持ちは、その人間にしか分からない。

考えてみれば、郷さんが亡くなられてからまだ日は浅い。ちあきさんにとって、何もかもが一朝にして奪われ、潰えたのだ。仕事とは言え、果たして御客様の前で愛を歌い、微笑むことなどできるものだろうか。一音節も、一つの詞も全て郷さんを思い起こさせるだろう。ステージに立てば、萎れた花のように、衰弱してしまう。

「お願いします。この仕事はやってください」——私にはとても言えなかった。

ホテル側は納得しない。あくまでも仕事である。当然だ。

私はちあきさんと、テイチクの東元晃さんの御宅へ伺い、相談した。しかし、出演をキャンセルするということは、どのような理由であれ、非はこちら側にある。

その結果、私がホテルへ出向き、謝罪することになった。

当日、新幹線で現地へ向かいながら、私はどこか開き直った気分だった。

誤解を恐れずに言えば、予定通り開催されたとしても、ステージで「ちあきなおみ」を魅せることはできないのだ。現状では無理である。キャンセルは正解なのだから……。

しかし、それは世間では通用しない。頭を下げて謝罪するしかない。

ホテルへ到着し大きな部屋へ通されると、私を待ち受けて、支配人以下、お偉方数名が顔を揃えられていた。

私は今回の件について事情説明をし、謝罪した。

先方は一通り私の話を聞き終えると、満を持したかのように、ホテル側の被った損失損害、事務所としての責任の在り方、そして世間一般の常識を盾に取り、我々の人間性まで問題にしてきた。

「最愛の夫を亡くされた気持ちは分からないわけではない。だが、ここは心待ちにしているファンのためにも、企画準備してきた我々のためにも、その気持ちを殺してステージに立つ、というのが義務ではないのか。それが道徳ある行動というものだ。（一方的にキャンセルするなど）人間性を疑わざるを得ない」

　私はあまりにも現実社会を知らなかった。この一年が胸中に去来し、この場面で義務だの道徳だのを持ち出し、それを口にする感性を疑った。

　様々な思いが私の中を駆け巡ったが、黙って耐え、ただ頭を下げるしかなかった。

　ホテル側も、渋々納得するに至り、和解という結果になった。

　東京へ戻り、ちあきさんに電話で事後報告をした。

　話しているうちに、悔しさが込み上げてきた。

　それは頭を下げて謝罪したことではなく、ちあきさんがステージに立てないということの真意が、相手側に、ひとかけらも伝わらなかった、ということにである。

「何を言っても無駄です。愛は、あの人達に、あの人達には分かってもらえません」

　私は泣きながら電話口でちあきさんに訴えた。ちあきさんは黙って聞いて下さった。

　仕事だというのに、私は何を報告しているのだろう……。

「どうもありがとう。お疲れ様でした。ゆっくり休んでください」

ちあきさんはそう仰り、私は電話を切った。

自分は何と子供じみているのだろうか……社会人失格だ。

しかし、ちあきさんには私の真意は伝わったと感じた。それで十分だった。

引退への危機意識

ちあきさんの歌う『星影の小径』が、外車販売のアウディのCMで起用されることになった。その許可申請のため、テイチクレコードの宣伝グループ次長の山中明さんと、私は事務所で会った。「歌・ちあきなおみ」というテロップを出さない、という条件で話は決まった。

元より、CMでの楽曲使用の際は、事務所の意向で名前は出さない、ということになっていた。話が終わると、山中さんは唐突に、

「君は今後どうするつもりなのか?」

と言われた。山中さんは、郷さんの信頼も厚かった方だ。聞いた話によれば、郷さんが体調を崩された時、セガワ事務所へ招かれたが辞退されていたという。山中さんの私に対する問いは、深く関わった人間としての責任感が含まれていた。

セガワ事務所は大黒柱を失い、新社長のちあきさんと私だけだ。ちあきさんの動向によって、私の人生も大きく左右される。

山中さんは、私に考える隙を与えず、

「君がしっかりしなければいけない。例えれば、親父が倒れたら、息子が奮起して後を継ぐ

だろう！」

と、熱く、真剣に仰った。振り返ればこの時期、ごく親しい関係者が同じことを私に口にされた。皆さん、ちあきさんのことを知り尽くされている。ちあきさんは他者を滅多なことでは信用されない。少なからず欺瞞うごめく芸能界に於いて大スターとなり、故にある意味、利害関係の犠牲者なのだから。

外部から誰かを社長として招き入れることなどあり得ない、と分かった上での言葉である。

「ちあきなおみ」はこのまま引退してしまうのではないか……。

この思いが、周りの関係者の共通した危機意識だった。

社長のちあきさんの下で、私が死に物狂いで動き、周りから支えれば何とかなるのでは、という目論見があったのかもしれない。

しかし、私にはその気構えや覚悟は全くなかった。率直に言えば、ちあきさんには復帰してほしくなかった。ただ、どうなろうとも、傍に付いているつもりだった。

私は関係者のちあきさんに対する熱量に圧倒され、

「皆さん、本当にちあきさんを愛しているんですね」と言うと、ちあきさんは一言、

「仕事」と答えられた。

あたかも、もう歌わないと言えば、皆きれいさっぱりと去ってゆく、といったような仰り方だった。

私は歌や仕事ではなく、郷さんとちあきさんが大好きだった。それだけだった。

しかし、今、この時期の関係者の方達の思いを、痛切に自分が感じることになろうとは、思いもよらなかった。

休業状態は続く

十一月に入り、少し肌寒い季節がやってきた。

私はちあきさんの自宅マンションと、事務所勤務が半々位になっていた。

事務所には数多くの出演オファーの電話が引っ切り無しに掛かってくる。

「申し訳ございません。只今、ちあきなおみは休業状態にありまして、活動再開の目途がまったくたっておりません」

私はこの台詞を電話口で繰り返す毎日だった。


ちあきさんには、一時でも気を紛らわしていただこうと、私は所有していた漫画本を持参してお渡ししたりした。『あしたのジョー』や『ベルサイユのばら』である。

ちあきさんと漫画は全く結び付かないが、ボクシングは好きだと仰っていたし、それとは真逆なものもいいだろうという、自分勝手な選択だったのだが、ちあきさんは楽しみに読んで下さった。特に、ちあきさんが『あしたのジョー』を読む姿は、ファンの方達には想像し難いものだろうと思う。私も意外過ぎる光景に、自分で薦めておきながらも笑ってしまった。

この頃、周りの関係者の方達は、ちあきさんに何とか家の中から外へ出ていただこうと、何かと企画してはお誘いの声を掛けて下さった。中でも、ちあきさん主演の舞台『LADY DAY』『ソングデイズ』のプロデューサーである石渡紫晶さんは、仕事を超えたお付き合いをされていた。ちあきさんも石渡さんが大好きで、電話があったとお伝えするだけで、瞬時に顔が明るくなった。石渡さんは親しい関係者の中では唯一女性で、ちあきさんも本音で語り、相談することができたのだと思う。事務所へお邪魔してルーレットやカードゲームに興じたり、演劇の舞台や、伊藤多喜雄さんのコンサートを一緒に観に行ったりした。

構成作家で作詞家の松原史明先生も、幾度となく御食事に誘って下さった。

このように、ちあきさんがプライベートで人の輪の中へ入り、談笑するということはそれ迄はなかったと思われる。郷さんと結婚されてからは、常に郷さんというフィルターを通して世界を見ていらっしゃったのだ。

元来、明るい性格のちあきさんは、この頃笑顔も多く出るようになり、一時に比べると精神状態も落ち着いてこられていた。

しかし、多勢に囲まれても、ちあきさんは御自分の話はほとんどされない。周りの人間の話に笑ったり、驚いたりと、リアクションされるのみだった。話される方達も気を遣い、なるべく郷さんのことに触れないようにされるのだが、ちあきさんはどんな話でも郷さんに結び付けてしまう。否、結び付いてしまうのだ。

「郷さんもそうだった……」

「郷さんも同じことを言っていた……」

中には、郷さんに嫉妬を覚える方もいらっしゃった位に。

「ちあきさんの取り合いみたいなことになってますね」と、私はよくちあきさんに言った。

ちあきさんは笑いながら、こんな話をして下さった。

「郷さんと結婚した頃、私はよく郷さんの男友達に嫉妬されたわ」

私は理解できた。郷さんは傍にいるだけで、男騒ぎがして、付いてゆきたい、と思わせる魅力があった。その郷さんを一人占めされた、という嫉妬感である。

私は今でも、郷さんとちあきさんに嫉妬を覚えるが……。


『I LOVE YOU』


私事で恐縮だが、この頃のことで一つ、いい思い出、否、苦い思い出として残っている出来事がある。それは、ちあきさんの担当ディレクターだった方が行きつけの、六本木のバーへ繰り出した時の話だ。

ちあきさん、東元さん、石渡さん、石渡さんの御子息である萩原聖人さんの所属事務所の社長と御一緒した。

バーとは言え、ちあきさんはお酒を一切飲まれない。いかにもイメージ的にはバーのママや、名曲『紅とんぼ』の中の飲み屋の女将、といった大人の雰囲気があるが、素顔のちあきさんは真逆で、少女のように可憐な方なのだ。このような席に、ちあきさんが同席されるのは珍しい光景である。この日も、関係者の方が、ちあきさんを店にお連れすると言ったとか言わないとかで、些か、ちあきさんは気分を害されていた。ちあきさんはそのようなことを最も嫌う方で、こういった席には縁がないのだ。

さて、皆さんお酒も回り、話のネタも尽きたのでカラオケで歌おう、ということになった。当時はカラオケブームが始まった頃で、バーやスナックには必ず設置されていた。私も友人達とよく通っては歌っていた。

勿論、ちあきさんは歌われない。私はちあきさんの、「古賀さんから」という声に気付かぬふりをして、東元さんにマイクをお渡しした。

『マイウェイ』を熱唱されたが、ちあきさんも東元さんの歌を聴かれたのは初めてのようで大変喜ばれ、場が一気に盛り上がった。

しかし、これが悲劇の始まりだった。東元さんの後に続く歌い手がいない。

「東元さん、流石に上手いですねえ。レコード会社の社長じゃなくて、御自分がデビューされた方がいいですよ！」

と、私はちあきさんの視線を感じながらも、騒ぎ、何とか逃げようとしたが、ちあきさんは強制した。

「次は古賀さん」

もう逃げられない。御指名である。

これは参った……プライベートな席ではあるが、周りは音楽関係者である。ましてや「ちあきなおみ」がいるではないか。何を歌おう……何を歌えばいいのだろう……。

この頃、ちあきさんの歌う『黄昏のビギン』が、映画『死んでもいい』の劇中に流れ再注目されていたので歌おうか……否、ちあきさんの『かもめの街』や『伝わりますか』が大好きなのでどちらか……否々、御本人を目の前にとんでもない……ここは、自分の世代の歌がいいだろう……。

私は尾崎豊さんの『I LOVE YOU』を歌った。

ちあきさんはじっと聞いて下さっていた。今思えば、カラオケとは言え、自分の歌をちあきさんに聞いていただいたということは、この上ない幸せだと思う。と同時に、ちあきさんの前でよくもまあ歌えたものだと、ぞっとする位に若かったのだと思う。

ちあきさんは後々も、この時のことをからかい半分に、口にして下さったものだ。

この後も、メンバーを変えては、数回カラオケに行った記憶がある。皆さん本当によく集まっていただいた。ちあきさんとプライベートで一緒に時間を共有できるという、滅多にないチャンスだからと、駆けつけて下さる方も大勢いらっしゃった。そして、

「ちあきさんは元気になってきた」

「もう大丈夫だ。復帰は近い」

等と、励まして下さった。

このような会に同席しながら、私は思っていることがあった。皆さんちあきさんが大好きで集まって下さるのだが、やはりちあきさんを中心に、気を遣い、喜んでもらおうと、馬鹿をやったりして演技をされている。そこに、ちあきさんの、皆さんの中の一員にはなれない、

どこへ行こうが主役となってしまう、スター故の孤独さを感じたと言えば、それは考え過ぎだろうか。

夕日に染まった思い出

ちあきさんは毎日欠かさず、郷さんのお墓参りをされた。週に一度、マッサージにも通われるようになった。買い物もされた。買い物と言っても、普通にスーパーマーケットで食材を買われる程度だ。服やバッグやアクセサリーには何の興味もない。エステやジム等も同じくである。

ちあきさんは大スターでありながら、その素の姿は、質素で飾り気がなく、見栄を張らず、欲もない、淑徳に満ちた方なのだ。

ある日、買い物の帰りに目黒通りを車で走っていると、

「昔、この辺りに家族で住んでいたことがある」

と、ちあきさんが仰ったので、

「行ってみましょうよ」

と、私はちあきさんのナビゲートで車を走らせた。

ちあきさんの記憶もやや曖昧ではあったが、八雲の一角にある一軒家が目に入ると、

「多分ここだと思う」

ということで、車を降り、家の周りを歩いた。リフォームされてはいるが、はっきりと記憶が戻られた御様子だった。『喝采』で日本レコード大賞を受賞された前後、最も忙しかった時期にお住みになっていた家、ということだった。

帰りの車中、ちあきさんは、その家で暮らしていた時の状況や、家族の話をされていた。いい思い出も悪い思い出も赤裸々に話されるので、私も思わず聞き入ってはいるのだが、それ以上に、ちあきさんが一人の人間として、御自身のことを話して下さることが嬉しかった。窓の外を流れる景色をぼんやり見ながら、どこか懐かしさを込めて話す姿に、少しずつではあるが、心の落ち着きを取り戻されているのだと感じた。

そして私は、過去を振り返る余裕などなかったそれ迄のちあきさんの人生を想像していた。その全ては、郷さんへと繋がってゆくのだが、この時は何か、まだ郷さんと出逢う前の御自分を、家族を、あらゆる恩讐から解放されて、思い返している御様子だった。

一家を養うため、四歳の頃より米軍キャンプ内のクラブでタップダンスを踊り、歌い続けてきたというちあきさんには、女性として、普通の青春や喜びなどなかったのではないだろうか……。

しかし、私は一度も、ちあきさんの口から「苦労した」と聞いたことはない。

夕焼けがちあきさんを切なく染めていた。心に深く刻まれた、幾重にも及ぶ人生の年輪が垣間見えた。

私は、ちあきさんの思い出と同じ色に、自分の心が染まってゆくのを感じていた。

第九章　彷徨

「また歌うか、もう歌わないか……
今は半分半分です」

物件探し

「引っ越しをしたい」

ある日の買い物帰り、ちあきさんが仰った。

転居されてから一年、郷さんと暮らしたのは、ほんの三か月である。普通に考えれば、短い期間ではあったにせよ、共有された場所なのだからと、私は疑問だった。

しかし、ちあきさんは、辛いと言われた。

郷さんへの思いを断ち切る、といった意味ではなく、僅かな残像が見え隠れするだけで、郷さんはもういないという現実に直面してしまう。しかも、ちあきさんはこの部屋への引っ越しの際、あまり乗り気ではなかったことを思い出した。

物件探しの日々が始まった。

立地条件は広尾、麻布、六本木、なにより一番の条件は、郷さんのお墓の近くということだ。多い日は、一日に五物件も見て回った。どの物件も、私など一生住むことができないものばかりで、まるで外国映画に出てくるような、広く大きいマンションだった。

ちあきさんは立地条件を基本に、設備、使い勝手などを事細かにチェックされていた。部屋数も多いので、私はよくちあきさんに、

「僕はこの部屋を使わせていただきます」

と、冗談を言ったりした。

面白い出来事があった。

物件探しの帰り、あるマンションに「入居者募集」の看板を見つけられ、飛び込みで内覧してみようということになった。

しかしその物件は、私のような独身者か、せいぜい夫婦二人で住むのが限度の広さだった。自分とは無縁な生活形態への興味なのだろうか、ちあきさんが何故この物件を見たいと思ったのかは謎だが、面白かったのは不動産会社の担当者だった。

口にこそ出さないが、明らかに「ちあきなおみ」と分かっての応対だった。

ちあきさんと私の関係性を計りかねているらしく、様々な角度から意見を言われた。

「ここら辺は、そんなにマスコミ関係の方もいないので安心ですよ」

「ただ駐車スペースがないので、いらっしゃる時は少し不便ですが……」

帰りの車中、ちあきさんと大笑いしたのはいい思い出である。

「迷ってます」

十二月に入った。

物件探しは難航していた。今迄であれば、こういったことは郷さんが敏速に決められたのだが、今度はちあきさんが決めなければならない。年内には何とか決定したいという意向だったが、焦っても仕方がないので、ここは慎重に選ぼうと腰を据えた。

物件探しと並行して、この年の二月、郷さんの入院を機に休業閉店していたコレドを再オープンさせようとの動きがあった。その話を積極的にちあきさんへ働きかけて下さったのは石渡さんだ。郷さんが遺した店であるし、再オープンすれば、ちあきさんと社会との接点ともなる。それに、やはり閉めたままでは勿体ない。

さらに、ちあきさんの仕事再開へ拍車が掛かる、ということで話は進んでいた。

石渡さんは物件探しにも同行して下さった。

ある日の帰り、ちあきさんと、石渡さんが新宿で経営されているダイニングバーへ行った時のことだ。ちあきさんは初めてで、その繁盛ぶりに、石渡さんの人柄が反映されていると感嘆されていた。石渡さんに会いに店に来られる方も多く、忙しく切り盛りされている中、少しの時間、カウンター席にちあきさんと私の二人だけになった。

ちあきさんはコレドの再オープンの話をされた後、ポツリと仰った。

「今、迷ってます」

私は物件のことだと思ったのだが、それは全く別の話だった。

「また歌うか、もう歌わないか……今は半分半分です」

私はこの時まで、馬鹿は馬鹿なりに考えた挙句、復帰について御本人には一切口にしなかった。とても介入できる問題ではないし、心のどこかで、当然いつかは復帰されるだろうと楽観視していた。私はただ、ちあきさんの傍にいることが幸せで、歌手「ちあきなおみ」に対して、真剣に向き合おうとはしなかった。この時のちあきさんの言葉にも、さほどの重要性を感じずに、「そうですか」としか答えることができなかった。

このことは、自分の勝手な思い込みではあるが、私自身にとって、今も人生最大の後悔として胸に刻まれている。

今現在に至るまで、ちあきさんは郷さんの死を境に歌を止めた、と報じられているが、ちあきさんの言葉を信じるならば、結果的には同じとは言え、この時点ではまだ迷っていたのだ。

そして、また歌うという気持ちがあったという事実だけは、是非記しておきたい。

しかし、その意向と自らに課した生きる意味とは、相容れぬものだったのだ。

その思い入れは並々ならぬことだと、後年、私は知ることとなる。

この後七年間、私はちあきさんの傍に付いていたが、復帰についての前向きな言葉は皆無だった。

「ちあきなおみは、もういないのよ」

と、時折言われた。

私も復帰に関しては極力触れなかった……。

言葉にされたのは、復帰しない理由だった。

年末年始と夫婦

街の何処からも、クリスマスソングが流れていた。若者達は一時の幻想に胸をときめかせ、誰もがドラマの主人公になったかのように、青春を謳歌している。クリスマスが終われば正月、新しい年が幕を開ける。浮かれ気分の世間を横目に、私は感傷の情に堪えなかった。郷さんが生きていれば、この時期はディナーショーで各地をまわっていただろう。郷さんが生きていれば、郷さんが生きていれば……。仕事のオファーは全て断っていた。今後のスケジュールも白紙である。郷さんが生きていれば、予定表はどう埋まっていただろうか……。

私は師走の街角で、ゆく時の流れを見送り、ただ立ち尽くしていた。

年末年始、事務所も休みとなるが、私は半ば強引に、ちあきさんに付いていた。暮れ、正月だからと、実家へ帰省する習慣も感覚もない私は、さしてやることもなく、友人達も家族の許へ帰省しており、近くにいる人間はちあきさんしかいなかった。おこがましくも、やはり心配だったし、一人で過ごしても気になるだけなので、その旨をちあきさんに話し、了承を得ていた。

大晦日、東元さんがちあきさんを御自宅へ招かれた。奥様が作られる手料理や御節《おせち》を食べながら、一緒に年を越そうと、誘って下さったのだ。私は車での送迎を都合のいい理由に、図々しくもちあきさんに同行し、ご相伴にあずかった。

年末と言えば、日本レコード大賞、紅白歌合戦だ。

昭和四十七年、ちあきさんが『喝采』でレコード大賞を受賞された時、私は五歳。しかしテレビで見ていたことを微かに覚えている。現在とは違い、当時の受賞曲は日本中の老若男女、誰もが知っていて、そして口ずさめる。文字通りの流行歌だったのだ。『喝采』は東元さんが担当ディレクター、歌い手はちあきさんだ。大晦日、私は御二人を目の前に、自分が育った歌謡曲全盛の時代に思いを馳せていた。

紅白歌合戦でも、何度もちあきさんを見ていたので、「ちあきなおみ」がこの空間に居ること自体、不思議な感覚だった。しかし、東元さんもちあきさんも、レコード大賞と紅白歌合戦にはもはや関心がない御様子で、松原史明先生が構成・演出をされていた、テレビ東京の『年忘れにっぽんの歌』を観ながら談笑されていた。

年が明け、平成五年を迎えた。

帰りの車中、私は仲睦まじい東元さん御夫婦に、心温まる思いがしたことをちあきさんに話した。暴れん坊といった感じの東元さんを、微笑みながら見守っていらっしゃる奥様の姿が印象に残っていた。

独身の私は、夫婦とはいったい何であるのか、と尋ねてみた。

「全てを見せ合うものだから、夫婦というのは凄いものなんですよ」

ちあきさんは仰った。

夫婦とは、そんなに凄いものなのだろうか。二十五歳の私は結婚など考えもしていなかったし、夫婦なるものなど自分の世界の外の話である。

世の中には限りなく夫婦が存在する。それはそんなに凄いものなのだろうか。

幸か不幸か、私にとっては、郷さんとちあきさんが夫婦の規範となっている。言葉や理屈は何一つない。打算や嫉妬や疑念もない。それは宍戸錠さんが言われた、「二人の世界を全うする」ことだ。命懸けで、惚れて惚れて惚れ抜く。それができないのなら、夫婦なんてなくていい。

私は生涯、この規範に到達することはできないだろう。

夫婦とは、凄いものなのだ。

ちあきさんのお雑煮と散策

郷さんとちあきさんは、海外で年越しをされることが多かったそうだ。仕事の都合などで日本で新年を迎える時は、ちあきさんがお雑煮を作ることが恒例となっていたという。

私は一か八か、思い切って言ってみた。

「ちあきさんのお雑煮、食べたいです！」

しまった……私は何ということを言っているのだ——。

「いいですよ」

何と、ちあきさんは快く了承して下さったのだ。

元旦、私はちあきさんの自宅マンションへ押しかけ、お雑煮を御馳走になってしまった。お雑煮は地域によって味が異なるが、この、ちあきさん特製・郷さん風味のお雑煮は、私にとって格別な美味しさだった。

正月、私は当時住んでいた中目黒の散策にちあきさんをお誘いした。

この頃の中目黒はまだ再開発前で、駅ビルも、高層マンションも建っておらず、個人で営業している老舗が多いので、ぶらぶらするだけでも風情があり、楽しく散策できた。今でこそ、お洒落で住みたい街にもランクインされているが、当時は小汚い飲み屋、ホルモン焼き、もつ鍋屋等が軒を並べ、駅の周りはそれこそ下町といった感じだった。

中目黒は代官山から少し下った処に位置し、昔は文字通り、代官山には御代官様が住み、下った中目黒には庶民が住んでいたともいう。

郷さんとちあきさんは広尾に拠点を移す前、代官山に住んでいた時期があったそうだ。外国人向けの高級マンションで、その当時、アントニオ猪木・倍賞美津子夫妻、日活映画時代の郷さんの後輩であり、共演も多かった、沖雅也さんも住んでいたという。郷さんと沖雅也さんがマンションの駐車場でばったり会われ、

「何だ、お前ここに住んでいたのか」

ということもあったそうだ。代官山も物件探しで何件か内覧したが、ちあきさんはこの頃の代官山はお気に召さなかったようだ。

「昔は大人の街で静かだったのに、今は若者が多く、賑やかになってしまった」

私が住んでいたアパートは、東横線と地下鉄日比谷線が通る線路脇だった。電車は地上二階辺りを走っているので、一階に住む私の部屋からは乗客の顔が見えた。

散策中、家の前に来た。

「ちあきさん、僕はここに住んでます」

ちあきさんは私の部屋を眺めて、

「へえ〜」

玄関とは反対側の位置で、洗濯物が干しっ放しになっていたので、

「さあ、行きましょう」と促したが、

「へえ〜」と、その場に佇み、何度も仰っていた。私はまるで学校の先生に悪事を見つけられてしまったような感覚に陥り、足早に立ち去った。

この頃は、ちあきさんと色々なお話をさせていただいた。

意外なエピソードがある。

実は、ちあきさんはエルヴィス・プレスリーの大ファンなのだ。

元々、ちあきさんがロックを歌われていたということは知っていたが、イメージ的には想像すらできなかったので驚いた記憶がある。私はそのことを知り、プレスリーのＣＤや本を買ってハマってしまった。挙句の果てにはグッズまで集めるようになった。

車での送迎の際、小さな音でプレスリーの曲を掛けたりしたものだ。

歌手「ちあきなおみ」に、エルヴィス・プレスリーへのリスペクトがあったことは、あまり知られていないのではないだろうか。

新居

正月も明け、物件探しが再開された。

既に数十件内覧を重ねていたが、これといった物件はなかった。名前を聞いただけで分かるマンションや、中には商業ビルのような建物で、専用エレベーター付きの物件まであった。しかし、どこも郷さんのお墓から、やや遠かった。私が車で送迎すればよいのだが、ちあきさんはお墓参りが日課となっていたので、やはり歩いても行ける距離が第一条件だった。となれば、範囲はぐんと狭められてきた。

そしてある日、再オープンが決定したコレドと、セガワ事務所が入るマンションから近い場所に、ひとつ物件が見つかった。

大通りから少し入った静かな住宅地で、銀行やスーパーマーケットも近い。お墓からはやや遠いが、歩いても十五分程度だ。私はコレドに従業員として入店させていただくことになっていたので、何かあれば直ぐに駆け付け、車を出すこともできると思い、一も二もなく賛成した。

後はちあきさんの決断を待つのみとなったが、決め兼ねている様子だった。既に二回内覧をしていたので、私はここで決まらなければ、もう無理ではないか、という予感がした。

そしてもう一度内覧をする際、私は石渡さんに同行していただいた。ちあきさんはほぼ決めていらっしゃるが、ここは後押しが必要だと感じたからだ。そこで石渡さんに御意見いただければ、決定となる、と踏んだのだ。

内覧を終え、ちあきさんはマンションのエントランスの前に立たれた。

「決めましょう！」

石渡さんが力強く言われると、ちあきさんは頷かれ、ようやく決定するに至った。

物件探しに疲れていた私は、自分のことのように嬉しく、ほっとしたのを覚えている。

と同時に、ちあきさんの物事への妥協のない徹底ぶりに呆れる程だった。


次は引っ越しだ。

前回は一年と少し前、あの時は郷さんもいた……。

郷さんとちあきさんは、家というものには執着がなかったように思われる。それこそ都心に豪邸を構えていてもおかしくはないが、私には想像できない。御二人にはマンションが性に合っていたのだろうと感じる。

夫婦でありながら全く生活感がなく、まるでティーンエイジャーのカップルのように、計り知れない純なものを私は感じていた。なにものにも縛られることなく、気ままに住む場所を変え、いずれはふらっと海外に移住して暮らす……実際、将来は二人でオーストラリアへ移住する計画もあったと、ちあきさんから聞いた。しかし、もう、それはできない。今度は、ちあきさん一人きりの生活が始まる……様々な思いの中での引っ越しだった。

こんなことがあった。

新居に荷物を運び込んでいる際、引っ越し業者の方が、ちあきさんと私を見て、

「御姉弟でお住まいになるんですか？」

と尋ねられた。面倒臭いので、私が「そうです」と答えると、ちあきさんは大笑いされていた。実際、普段のちあきさんは、実年齢より遥かに若々しく見え、並んで歩くと親子には見えないし夫婦でもない。姉と弟、というのが最も近い印象だったのだろう。ちあきさんは、

「私達は親子みたいなものね」

と仰ったが、見た目にはとてもそう思えない。普段のちあきさんを見ていると、どうして大人の女性のイメージで、あれ程の情念や人生を歌うことができるのだろうと、疑問に思う位に慎ましい方なのだ。それでも華があり、いくら私的な部分に接しても、私にとってちあきさんはやはり夢の中の、非日常的な存在だった。

新居は広く開放的なリビングの他に部屋が四室、品があり落ち着いた感じで、住み心地も良さそうな空間だった。

家具や荷物が運び込まれて設置されると、私はマンションの細かい構造や火の元、コンセントの位置、バスルームでのお湯の出し方、切り替え等をチェックし、ちあきさんに事細か

く、口うるさく説明した。テレビやビデオの接続をし、御本人をそっちのけで動き回った。僭越ながら、やはり御一人で生活されるちあきさんが心配だったし、何か事が起これば、すぐに対処できるようしておきたかった。

二枚目の郷さん

新居での生活が始まった。

ある日の夜、ちあきさんがリビングに飾る郷さんの写真を選ばれていた。

プライベートで撮った写真の他、日活映画時代のブロマイドや、映画のスチール写真等が数多くあった。ちあきさんとあれこれ話しながら、私は思わず多くの写真に見入ってしまった。郷さんは主に悪役として活躍されていたので、そのイメージ通り強面《こわもて》で、眼光鋭く、鍛え上げられた肉体はシャープで鋼《はがね》のようだった。

映画の中で、小林旭さんや赤木圭一郎さんとのアクションシーンはスピード感溢れ、擬闘ではなく、本当に殴り合っているかのようなリアリティーがあり、そのキャラクターの凄味は深く印象に残った。反対に、笑顔で柔和な表情の写真も多くあった。実像に近い、優しく穏やかで、やはり二枚目の郷さんである。

「郷さんは怖い顔というイメージですけど、実は二枚目ですよね。僕は真田広之さんに少し似ているな、と思ってました」

と言うと、ちあきさんもそう思われていたらしく、ああでもないこうでもないと、郷さん

の話で盛り上がってしまった。こんなところを郷さんが見たら、きっと照れ笑いを浮かべ、

「ふん。俺はやくざ者で二枚目なんかじゃねえ」

と、ニヒルに決められることだろう。

ちなみに「郷鍈治」の「郷」は芸名である。デビュー当時は本名だった「宍戸鍈治」名義だったが、実兄の宍戸錠さんの人気が沸騰し、「シシド」のシは四、次は五だということで、「ゴウ」となったのだそうだ。

映画のスチール写真の中に、郷さんが太地喜和子さんと一緒に写っているものがあった。

「若い頃お付き合いしていたんじゃないかしら」

ちあきさんが仰った。太地喜和子さんは、映画・テレビ・舞台と御活躍された大女優であることは述べるまでもないが、私の友人の女性が付き人をしており、郷さんが亡くなられた時、

「郷さんは本当にいい人だった」

と、仰っていたことを教えてくれた。

それから一か月後、太地喜和子さんも事故でこの世を去られてしまった。

コレド再オープン

二月、コレドが再オープンした。正確には、屋号は「ＣＯＲＥＤＯ」である。これはちあきさんが命名されたもので、レコード（ＲＥＣＯＲＤ）を捩《もじ》ったということだ。

内装は郷さんの趣味で、喫茶店でありながらバーの趣きもあり、いかにも男性的な作りだ。

「丸みというものがどこにもないでしょ。女性的なものが一切ない」

ちあきさんは店内を改めて眺めながら仰った。

ちあきさんのアルバム『それぞれのテーブル』では、入り口すぐの大きなテーブルに座るちあきさんの姿がジャケットに使用されている。私事だが、入社面接の時、私が座った場所だ。そして、唯一、私がちあきさんと一緒に写っている写真も、この大きなテーブルを前にしている。これはちあきさんへの取材で週刊誌に掲載されたもので、今も私の机に飾ってある。

段差を上がると、カウンター席とテーブル席がある。木を基調とした、郷さんらしいハードボイルドな雰囲気の、大人の店である。

この場所が、私にとっては青春の学び舎となった。

再オープンに当たり陣容も整い、ちあきさんもオーナーとして、郷さんがそうしていたように、始めの頃は毎日、顔を出された。ランチやディナー等、新メニューは何がいいかと、試食会も実施し、自ら精力的に動かれた。

郷さんがいつも座っていたのはカウンター席で、電話応対、打ち合わせ等、慌ただしく仕事をこなされていた。その席に、今はちあきさんが座る。郷さんの代わりなどいない。いるとすれば、ちあきさんしかいないのだ。どちらかがそこに座っていてくれるだけで、言いようのない幸福感と安心感があった。

毎日、業務報告だけでなく、来店された関係者との話を伝え、世間話等もしながら、何とかちあきさんを家に引き籠らせないよう努めた。

と言うのも、引っ越し、再オープンと、徐々に前向きになられてきた、というのはこちら側の勝手な見解であり、ちあきさんにしてみれば、何も変わらないからだ。

ふとした瞬間に過去の情景が蘇ったのか、突然泣き出されることもあった。悲しみが激しい勢いで逆流し、過ぎ去った幸福な思い出と溶け合い、どうしようもない寂寥感が覆い被さってくる……そんな鬱状態を避けるために、店に来て、あれこれ話したり、身体を動かしたりして苦しみを紛らわしているかのように思えた。

「昨日は、家で朝までわんわん泣いちゃった」

と、告白されることもあった。思えば再オープンも、ちあきさんが周りの人間を思いやってのことなのだ。私の働き場所を考えて下さってのことなのだ。本当は、もう何もかもを無にしたかったと思う。

しかし、この後六年間に渡り、コレドに居座った私にとっては、人生に於ける最も濃密な、最良の時期となった。それは、ちあきさんと本当にたくさんのお話ができたからだ。

こんなに話して下さった方は、後にも先にもいないという位に。

始めの二年間、セガワ事務所の元社員だった金岩紀彦さんもお手伝いで店に出られた。

「このままちあきさんが歌を止めていいはずがない。そう思うだろう！　復帰したら古賀君がしっかりとちあきさんに付いて、俺が店を守る。何とかやっていけるよ！」

金岩さんと、まるで全共闘の学生のように、毎日毎日郷さんとちあきさんのことを話し合い、叶わぬ思いに胸を痛め、励まし合い、時にはぶつかり、様々なことを教えていただいた。共通の思いを抱き、兄弟的な絆を得たことを、私は嬉しく思った。


「ちあきなおみ行方不明」


コレドが再オープンしてから一か月が経過した三月中旬、奇妙な出来事があった。

その日、私はいつものように、ちあきさんのお墓参りを車で送迎した後、店の仕事を終えて帰途についた。

中目黒駅の改札口を潜ると、スタンド売店に並べられた夕刊紙の文字に驚愕した。

「ちあきなおみ行方不明」

紙面の大きく、太い文字は、「ちあきなおみ」がこの世から消えてしまったかのような表情だった。この記事は、平成五年三月十五日発行の「夕刊フジ」に掲載されたものである。

私は一瞬何事が起きたのか訳が分からず、数時間前までちあきさんと一緒にいたことを思い返し、

「違うでしょ……さっき一緒にいたし……」

と、口にした位だった。さあ大変である。私は直ぐ事務所に逆戻りし、ちあきさんに報告

すると、

「えっ？　何で？」

と、驚かれていた。対応策として所属レコード会社のテイチクに連絡を取り、協力を求めた。この日の夜から二、三日は、引っ切り無しに掛かってくるマスコミからの電話対応に追われた。

「まったくの間違いです。毎日顔を合わせていますし、連絡も取っています」

と、繰り返し応答した。しかしここぞとばかり、何とかちあきさんに取材できないか、復帰はいつ頃になるのかと、取材攻勢は続いた。

ようやく、数社のスポーツ紙が、「事務所が失踪を否定」と小さく出し、騒動は鎮火した。打ち上げ花火のようなこの出来事に、ちあきさんは終始首を傾げられていた。

運転免許取得に反対

「車の免許を取ろうかしら」

ある日、ちあきさんが唐突に仰った。

「それは止めてください。僕が運転すればいいことですから」

「でも店もあるし、いつも私がいい時に、というわけにはいかないから」

「僕は絶対反対です」

ちあきさんは事あるごとに、私に賛成を求めるかのような話し方をされた。

関係者の方々は大賛成だった。こういったひとつひとつが復帰への足掛かりとなる、と考えられていた。

しかし、復帰には無関心な私は、断固反対の姿勢を崩さなかった。

その理由は、ちあきさんは車の運転には向いていないからだ。非常におっとりとされているところがあるので危ない。うっかり事故でも起こされては堪らない等と、もっともらしい意見を並べ立てた。

しかし本当の理由は、私のちあきさんへの独占欲だったことを白状する。

ちあきさんには、郷さんとの「二人の世界」から、一歩たりとも出てほしくなかった。

もし免許を取得されれば、何処か手の届かない場所へ行ってしまうのではないか……。

まるで過保護な父親か、猜疑心の強い恋人みたいだが、それ位に、当時の私はちあきさんしか見えていなかった。

この話は、結局諦めていただいた。

勝手なものだ。私は勝手なことを、ちあきさんに対して繰り返していたのだ。

ちあきさんと

「店を手伝っていただけませんか！　もうやってられませんよ！」

私はちあきさんに電話で訴えた。

金岩さんも去り、コレドは人手不足だった。ちあきさんも滅多に顔を見せなくなっていた。

私は、自分一人で営業してみせる、と強がっていたが、どうにもならない状態だったのだ。

「直ぐに行きます」

ちあきさんは店に来ると、エプロンを着けられ、

「手伝います」

と、仰った。私はまるで親に当たり散らす子供だった。

ちあきさんのことを考えて、と言えばそれは嘘だ。ちあきさんと一緒にいたかったのだ。

私はこの時も、もっともらしい理由を述べ、半ば強引に店に出てもらうことを了承していただいた。

今思えば、信じられない話である。約半年間、ちあきさんはエプロンを着け、コレドで一緒に私と働いて下さったのだ。この話はあまり知られていないだろう。

私の遠慮のなさにも程があるというものだ。しかしちあきさんは帰り際、

「今日は呼んでくれてありがとう。呼んでくれて良かった」

と言って下さった。逆である。私はちあきさんに甘えていたのだ。


ちあきさんが店に出られるようになってからというもの、私は毎日が楽しくて仕方なかった。夕方から閉店まではちあきさんと私、二人での営業だ。

ちあきさんはオーダーを取り、皿洗いをし、掃除までこなされた。流石に私も、大スターにそこまでさせていいのだろうか、郷さんに怒られる等と思うのだが、ちあきさんはお構い

なしだ。自ら言い出しながら、例によって独占欲が顔を出し、なるべく目立たぬように座っていていただくよう心掛けた。それでもちあきさんは、エプロンを外すことなく手伝って下さった。

　愉快なこともあった。

　私は調理で手が離せない状態だったので、ちあきさんがレジで御客様の会計をされた。後でレジへ行くと、伝票差しにお札が差してあった。

「いやあねぇ……私はホントに駄目ねぇ」

　ちあきさんの天然ぶりも魅力のひとつだった。

　そして何よりも、たくさんのお話をすることができた。

　私は自分のことを何から何までちあきさんに話した。子供の頃の話、友達と馬鹿をやった話、付き合っていた彼女の話、別れた時の状況の詳細まで話した。ちあきさんに少しでも気を紛らわしていただこうと思っていたわけではない。ただ話したかった。聞いてほしかった。どんな話も、ちあきさんは嫌な顔ひとつせず聞いて下さった。

　私は話をしていて思ったのだが、ちあきさんはとても聞き上手な方なのだ。話しているうちに、ますます饒舌にさせられてしまい、話のゴールを見失ってしまうのだ。

　例えば、私が質問をすると答えて下さるのだが、その時でさえ御自分が主役にならないように相手を立て、尚且つ、私自身も気が付かなかったような、心の奥底にある思いを引き出して下さる。ついつい調子に乗って話しながら、素顔のちあきさんは、本当に自己顕示欲のない方だと思った。

この頃、私は疑問に思っていたことをお聞きしてみた。

「レコード会社と揉めて、しばらく休んだと仰ってましたけど、それは何故ですか?」

「ヒット曲を追っていくことに疲れたんです。ちょうど『矢切の渡し』の頃、会社から、これからは着物を着て、演歌路線でやってもらう、と言われて。そうすると、歌手としての範囲を狭められてしまう。私はもっといろいろと歌いたかったんです。でも会社と意見が合わず、辞めました」

「ちあきさんがその頃、歌いたい歌とは何だったんですか?」

「ポルトガルにファドという音楽があって」

「何ですかそれは?」

「魂の歌。向こうの民族歌謡、日本で言う歌謡曲です。その中にアマリア・ロドリゲスが歌う『難船』という歌があって。初めて聴いたのは『喝采』の後くらいの時期だったのかな。その時は難しい歌だなと……でもずっと、心の中に残ってて、それで歌ってみたいと」

この曲に、日本語の歌詞をつけてちあきさんが歌われたのが『霧笛』である。

ちあきさんは、御自分の歌の中でも、『霧笛』が好きと仰っていた。

「歌われてみていかがでしたか?」

「こういうものを何か、オリジナルで歌いたいと思って、私のイメージ通り、杉本眞人先生からいただいた歌が『かもめの街』でした」

私はちあきさんを思う時、『かもめの街』を口ずさむ。

私にとっては夢のようなお話もして下さった。

「海外ではどこがお好きですか？」

「新婚旅行はカナダがお薦めですよ」

ちあきさんの財布の中に、カナダで郷さんと一緒に撮られた写真がいつも入っていた。見せていただくと、雄大な山々を背景に、笑顔で仲良く並んで映っている御二人がいた。

「住むならば？」

「将来はオーストラリアへ移住して暮らそうという計画があったの……」

「いいですねえ」

「一緒に移住しましょうか？　レストランでもやって、古賀さんは向こうの人と結婚して、可愛いハーフの子供ができて、私はその子のお世話でもしながら過ごすわ」

本気か冗談か、そう言われたことがあった。余りにも茫漠とした話に、私は空想するに留めていたが、ちあきさんは半ば本気だったような気がしてならない。

コレドでタレント志望の女の子がアルバイトをしていたことがあった。ちあきさんに紹介すると、珍しく御自分のデビュー当時のことや、これまでの足跡を語られた。

そして、芸能人というものは、粋でなくてはならないと話され、「芸能界でやっていくには、何よりも良いマネージャーと巡り逢えるかどうかです。それが全てです」

郷さんへの万感の思いが込められていた。

素人考えだが、私は持論として、歌手や俳優というのは不幸を経験した方がいい、と思っているところがある。

幸福や前向きだけでは、表現に影というものが出ないと思うからだ。

「やはり表現者というものは、痛い思いや辛い経験、傷が多ければ多い程、幅が広がりますよね？」

私はちあきさんに聞いてみた。

「……そんなもの、なければない方がいいんです」

と、きっぱりと仰った。

勿論、天才であるちあきさんだからこそ、仰ることのできる言葉なのだが、それ以上に、ちあきさんの中に、何か大きな傷があると感じた。

数度、俳優の萩原聖人さんが来店された。

「玉置浩二さんの家に遊びに行った時、ちあきさんが復帰されるなら、僕がプロデュースして、曲も作りたいと仰ってた」

と、話して下さったことがある。

たられぱの話になってしまうが、もし実現していたら、と思うだけで胸が躍る。今の時代でこそコラボレーションはよくあるが、玉置浩二さんとちあきさんの共演が行われれば、間違いなく伝説となったことだろうと思う。

ちあきさんはコンサートやディナーショーでは、よく井上陽水さんの『夢の中へ』を歌われていた。過去には『氷の世界』もカバーされている。

「井上陽水さんと玉置浩二さんの歌い方はそっくりよ」

と仰ったことがある。これはプロにしか分からない感覚なのだろうか……。

ちあきさんは業界のプロの中にファンが多い。つまりは「上手い」ということなのだ。プロというのは、上手い人が好きなのだ、と聞いたことがある。桑田佳祐さん等のミュージシャン系の方をはじめ、ジャンルを問わず、「ちあきなおみ」に憧憬を抱く歌い手の方は多い。

逆に、ちあきさんが影響を受けた方について話して下さったことがある。

それは友川カズキさんである。

「何を歌えばいいのか模索して苦しんでいた頃、友川カズキさんの歌を聴いて、ああ、これが歌というものなのだと、涙が出てしょうがなかった」

と、しみじみ仰った。昨今、友川カズキさんもテレビ番組や雑誌のインタビューで、ちあきさんとの出逢いについて語られているが、出逢うべくしての出逢いだったのだろうと思う。

友川カズキさんがちあきさんへ提供した曲『夜へ急ぐ人』は、圧倒的な衝撃を持って、今の時代にも語り継がれている。

私はちあきさんのアルバムで、河島英五さんと友川カズキさんが作品提供し、当時、ブレイクする直前のゴダイゴが演奏を務めた『あまぐも』の中の、『夕焼け』という歌が好きだった。河島英五さんが作られた歌で、雄大でダイナミックな曲調だ。ちあきさんは仰っていた。

「大き過ぎて、河島英五さんのボーカルには敵わない」

同じく河島英五さんの『酒と泪と男と女』も、ステージでよく歌われていた。

何故、女性であるちあきさんが、男心を挽歌として聴かせ、酔わせることができるのか。

そう思う程、ちあきさんが歌えば、ちあきさんの歌となってしまう、と私は思うのだが。


私はちあきさんの歌う演歌も好きだ。

この頃、私は休日に日帰りできる場所へよく出向いていた。横浜、箱根、鎌倉……小旅行記をよくちあきさんに聞いていただいた。

ある時ふと、「矢切の渡し」に乗ってみようと思い、友人と柴又へ向かった。

私は、映画『男はつらいよ』シリーズの大ファンであり、柴又には何度も訪れていたが、舟に乗ったことはなかったのだ。

江戸川を眺め、ちあきさんの歌う『矢切の渡し』を心の中に再生させる。

舟に乗ると気分が高まり、昔の旅人に思いを馳せる。静かである。

船頭さんは初老の男性で、微かに、聞こえる程度に、歌のサビ部分を歌っている。手漕きで舟は向こう岸へと進んで行く。しかし、この時は静か過ぎた。下部からモーターの音が響き渡っていた……。

この話をちあきさんに報告すると、大爆笑されていた。

映画の中で、寅さんこと、渥美清さんが、『矢切の渡し』を口ずさむシーンがあった。

その渥美清さんも亡くなられた。付き人をされていた篠原靖治さんがインタビューで、

「私も一緒に付いて行きたい」

と答えられていたのが妙に心に染みた。いつか、ちあきさんが郷さんの許へ旅立たれる日が来たなら、私は思うだろう。

「御二人の邪魔はしませんから、僕も連れて行ってください」

復帰要請

「ちあきなおみ」が芸能界から姿を消して三年が過ぎていた。

しかし、毎年のようにレコード会社から「全曲集」や「大全集」といったアルバムがリリースされていた。最後のシングルとなった『紅い花』が、映画『GONIN』の挿入歌に使用され、好評により再リリースされた。

世間でも、関係者の間でも、もうそろそろと、復帰待望論が大きく広がっていたことも重

なり、この頃はマスコミにもよく追いかけられた。

ある日、セガワ事務所が入るマンションのエントランスで、ワイドショーで顔の知れた女性リポーターを見かけた。ちょうどその時、ちあきさんは事務所で仕事をされており、私はコレドに戻り、電話でその旨を伝えた。

「しばらく事務所を出ないでください」

私は店を出て事務所へ向かった。やはり通りに車を止めて張り込んでいる。女性リポーターはマンション内を行ったり来たりしながら、ちあきさんの姿を捉えようとしているのが分かった。

事務所へ行くと、ちあきさんは、

「私なんか追いかけてもしょうがないのにねえ。ネタがないんですね」

などと仰っている。無論、応じられる気は皆無なので、何とか事務所を脱出する手段を講じた。

マンションは裏口もなく、オートロックでもなかったので、四階にある事務所の前まで来ようと思えば可能なのだ。何度かインターフォンが鳴った。その度に息を潜めて、様子を窺った。長期戦か、籠城か……ちあきさんは、

「今日は事務所に泊まりますか」

と呑気なことを仰っている。私は二階に美容室があると思い出し、店の入り口から外へ出ることが可能ではないか、と思いついた。美容室に連絡を取り事情を話し、了承を得た。何

とかエレベーターで二階まで降りることができれば、作戦成功である。まさか敵も美容室の入り口はマークしていないだろう。

まるで怪盗さながら、ちあきさんと脱出を試みた。美容室のオーナーの御協力もあり、無事に外へ出た。地下鉄の広尾駅へ降り、改札口を潜り、反対側の改札口から地上へと出た。

ちあきさんは地下鉄の駅を普段利用しないので、改札口でやや戸惑われたものの、まんまと撒くことができた。

ちあきさんには失礼だが、私は些かスリルを楽しんでいた。


「今日お墓へ行った時、撮られちゃいました」

翌日のワイドショーに、逃げるように走り去るちあきさんの姿が映っていた。

その後も、お寺へ車で乗り入れた際、テレビのワイドショーのスタッフが、隠れることもなく張り込んでいた。

私は、ちあきさんを奥にあるお墓へと送り、取材陣の前に仁王立ちして行く手を塞いだ。

「ちあきさんに取材させていただきたいのですが」

私はお断りしたが、

「では、帰る時の姿を撮らせていただきます」

了承はできないものの、これればかりはどうしようもない。

この時は運悪く、いつも使用している事務所の車（ちあきさんが乗る後部席の窓にフィルムが貼ってあり、外からは見えないようになっている）ではなく、私の車で来ていたのだ。

翌日のワイドショーでは、車の後部席で、ハンカチで目頭を押さえるちあきさんの姿がはっきりと映されていた。

「自然に忘れられてゆく……それが一番いいんです」

ちあきさんはよく仰っていたが、皮肉にも、今現在でもその願いは叶っていない。

やはり、ちあきさんがコレドに出られている以上覚悟はしていたが、ある日の夜、マスコミ関係者が来店された。数度、顔は店で見かけていたのだが、こちらから聞くわけにもいかない。不思議なもので、その筋の人間だと、何となく分かるのだ。

「ちあきさんにお話を伺えないでしょうか？」

私は即座にちあきさんに奥の部屋へ行くよう促し、応対した。否、応対ではなく、ほぼ喧嘩腰だった。

「他の御客様の迷惑となりますので、お帰りください！」

「そこを何とかお願いできませんか？」

「今営業中です。営業を乱す行為は許さないぞ！」

感情が高ぶり、私は声を荒らげた。心の中の声は、

「ちあきさんは徐々に心の落ち着きを取り戻されてるんだ。それを邪魔することは許さないぞ！」だった。

しかしそう言うこともできない。相手の思う壺にはまってしまう。

私の剣幕に、相手も無理だと判断したのか、そそくさと立ち去って行った。ちあきさんを見ると、奥の部屋でがっくりとされていた。

「やっぱり、私は店に出ない方がいいですね」

ちあきさんは、私が最も恐れていた言葉を口にされた。若かった私は、心の振り子が逆に揺れ、

「もう店に出ていただかなくても結構です！」

と、立場も弁えずに口にした。しかし、諦めきれない私は、どうしようもないことと分かりつつも、何度もちあきさんに店に出ていただくようお願いしたが、結論は変わらなかった。

この出来事以降、ちあきさんはお墓参りと買い物以外、外出されることは滅多になくなってしまった。

もし、ちあきさんがあのまま続けて店に出られていたとしたら、人と関わる機会も増え、何かが変わっていただろうか。

言ってしまえば、復帰に繋がっただろうか、と、何度も思ったりした。

しかしそれはもう思うまい。私はちあきさんと、郷さんが遺されたコレドで、一緒に働かせていただくことができたのだから……。

ちあきさんが店に出ることを止められてからも、私はお墓参りや買い物等に同行した。連絡も店の業務報告を含め、毎日取っていた。

「今日は店に、倉田信雄さんが来られました」

倉田さんは、ピアニストであり、数多くのアーティストのアルバム制作や、サポートミュージシャンとして御活躍されている。ちあきさんのアルバム制作には欠かせない存在で、平成元年、翌二年に、ちあきさんがビリー・ホリデイの生涯を演じられた独り舞台『LADY DAY』の音楽監督で、唯一人の共演者でもある。

ちあきさんはよく倉田信雄さんのお話をされていた。

「倉田さんのピアノだと、安心して歌える。歌いやすくしてくれて、のせ上手。時には仕掛けてくることもあるので、それを返すのがまた楽しみだったわ」

素人の私は、

「誰が弾いても同じ曲なのだから、大して違いはないのでは?」

「全然違いますよ。一音聞いただけで、倉田信雄さんと分かる」

ちあきさんの倉田さんへの音楽的な信頼は厚かった。

倉田さんは足繁くコレドに通って下さり、ちあきなおみ復活への思いを語って下さった。私はその度に、ちあきさんに電話をして取り次ぎ、お話ししていただいた。

時にはちあきさんに渡して欲しいと、手紙を託されたこともある。

音楽家として、一人の人間として、純真に「ちあきなおみ」の復帰を切に願い、直訴されたのは、倉田信雄さんだけだった。

お母様の許へ

「引っ越そうと思う」

ちあきさんのお母様がお住みになっていた一軒家が、そのまま空き家になっているということだった。

場所は神奈川県の二宮町である。ちあきさんも十年以上訪れていない。ともかく行ってみるだけ行ってみよう、ということになった。

二宮町は都内から車で一時間以上はかかる。高速を走り、インターチェンジを出て、取り寄せた地図を見ながら行ったり来たりした。ちあきさんの記憶だけを頼りに車を走らせる。

「確かこの辺だと……ここです！」

広い庭がある大きな家だった。とにかく中へ入ってみよう、ということになり、恐る恐るちあきさんと足を踏み入れた。

十年以上無人だった家の中は、それなりの感じはするものの、お母様の温もりが残っているような、言いようのない優しさを感じた。懐かしむように、調度品や食器等に見入られているちあきさんをよそに、私は或るスクラップブックを見つけた。中を開くと、デビュー当時や、スターへの階段を駆け上がっていく頃のちあきさんがいた。新聞や雑誌に掲載された記事や写真を、お母様が丁寧に切り抜かれ、貼り付けたものだった。

まだ郷さんと出逢う前のちあきさん……。

ふと、我に返り顔を上げると、写真でしか拝見したことのないお母様と、ちあきさんが重なり合って見えた。

「何か好きなものがあったら、持って行っていいですよ」

お母様がお好きだった装飾品を幾つか頂戴した。その品々は、今も私の部屋に大切に飾ってある。

「お母さんが生きていたら、きっとあなたを可愛がったと思うわ」

ちあきさんは帰りの車の中で、お母様の話をして下さった。

「母親と娘というものは、最終的に同じ姿格好になるものなんです。私もきっと、お母さんと同じ歳位で死ぬでしょう」

お母様が亡くなられた時、ちあきさんの落胆ぶりは大変なものだったと聞いていた。もう歌えない、という位に。

しかし、郷さんという存在があったからこそ、また歌えたのだ。ちあきさんはその歌手人生に於いて、お母様と郷さんのために歌われていたのだと分かった。

「もう歌うことはない」

二宮町へ移り住むと決めたものの、まるで言葉も通じない異国へでも行くかのように、ちあきさんは不安がられていた。やはり、住み慣れた広尾からは遠く、郷さんのお墓からも遠く離れてしまう。冗談で私に、

第九章　彷徨

「一緒に住まない？」

と、仰る程だった。

引っ越し前、二宮町の家に、確認のため数度ちあきさんと行った。

ある日、片付けや買い物等で夜も遅くなってしまった。

ちあきさんはソファに座り、うとうととされ始めた。疲れ切っている御様子なのでそのままにして、私はお母様が大切に保管されていたちあきさんのＬＰレコードの数々を眺めていた。

ふと、ちあきさんを見ると、ソファに横になり眠られていた。

時間は午前〇時をまわっている。

まだ電気も届いていなかったので、微かに窓から射し込む月の明かりが、まるで消えてゆくスポットライトのように、ちあきさんの顔を弱々しく照らし出している。

私は眠りが深くならないうちに起こそうと、傍へ行き、ちあきさんの肩を揺すった。

「帰りましょう」

しかし、ちあきさんに反応はなく、小さな寝息をたてている。

私は切なかった。何故、こんなことになってしまったのだろう……。

日本を代表する程の大歌手が、行き場を失ったかのように、居場所を求めて彷徨っている
……ちあきさんは、本当にひとりぼっちになってしまった……。

私はソファの下に座り、ちあきさんの顔をじっと見詰めていた。

決して憐みや同情ではない。そこから離れたくなかった。

「私は、郷さんのために歌っていたんです。だから、もう歌うことはないし、幸せを感じることもない」

ある日、ちあきさんが仰った。

分かっている。それは分かっているが……。

復帰には無関心だった私も、随分なことを言うものだと思った。周りの関係者の思いも顧みず、何て自己本位な人だろう……私は悔しく、自身が情けなくもあった。そう言い切るちあきさんの神経を疑い、不信感を感じた。

周りにいる人間だって傷つくのだ……。

第十章　十字架

「郷さんを死なせてしまったのは私なんです。
私が殺したんです」

「沈黙」の理由

二宮町の家での生活が始まった。とは言え、ちあきさんはほとんど外出することはなかった。月に二回程、社長業で東京へ出向いた際、帰りに二宮町のスーパーで、大量に食材や生活必需品を買われるのだ。

引っ越しから一か月程は、ちあきさんを家まで送り届けた際、夜遅くなると、私は東京へ帰るのが面倒なこともあり、例の遠慮のなさで、何度か泊めていただいた。

ある夜、私はただひとつだけ、それまで遠慮して聞かなかったことを口にしてみた。

「ちあきさんは、本当にもう歌わないのですか？」

私は復帰については無関心を装い、周りの関係者の口うるさい程の要請にも、「御本人がしないと仰っているのだから、もう放っておいてほしい」とさえ口にしていた。

しかし私は、ちあきさんに歌のことに関してよくお話を聞かせていただいていたし、どれだけ近くで接していようが、やはり目の前にいるのは「ちあきなおみ」だった。

にもかかわらず、私はこの時初めて、復帰のことを口にしてみた。

もしかしたら、ちあきさんに対しての遠慮のなさは「虚」で、遠慮が「実」だったのかもしれない。

「私はもう、十分働いた……」

「それは仕事ということですよね。でもちあきさんが歌うということは、それ以上の何かがあると思うんです。だからこんなにも復帰待望の声が」

私は食い下がった。

「……今、私が郷さんと一緒にやってきたことが、間違いではなかったということが分かったはずです」

私はこの言葉が、どこへ向けられてのものか理解できなかった。真剣な顔で言い放たれたので、本音であることは理解できた。

前述したが、私は郷さんとちあきさんの御結婚前後に起きた、業界からの様々な圧力のことを思い出した。しかし、御二人は決して屈することはなかった。共に一歩一歩と歩を進め、幾つもの地平線を見据えては、そこを越えてきたのだ。

しかし、御二人の結婚に顔をしかめ、「ちあきなおみ」を護る郷さんを元凶扱いした業界への不信感や怒りが、拭えない事実として、未だちあきさんの心の中に存在しているのが見て取れた。

「何をいまさら……」

そんな思いがあることは否定できない。

しかし、それは「沈黙」の理由ではない。

「もう無理して歌わなくていいよ……郷さんもそう言っていたんです」

私にとっては、殺し文句だった。郷さんがそう仰っていたのなら、諦めるしかない。

ちあきさんは郷さんを失い、もう望むべきものなど何もなく、全てのエネルギーを使い果たしてしまったのだろう……。

私はもはや返す言葉もなく、黙り込んだ。

しかし、問題はこの後、ちあきさんが口にした言葉だった。


「郷さんを死なせてしまったのは私なんです。私が殺したんです」


「それはどういう意味ですか？」

私は自分が投げた疑問に、一瞬後悔した。全てを察知したからだ。

しかし、そう言わなければ間がもたなかった。

私は結界を越えてしまったのだ。

「私が我儘ばかり言って……」

ちあきさんは、そのまま黙り込んだ。

そのことには触れてはならない……しかし、私は郷さんの葬儀の時、ちあきさんが柩にしがみつき、「ごめんなさい……ごめんなさいね」という言葉を、繰り返されている姿を思い出していた。

私は咄嗟に涙を拭った。

ちあきさんは十字架を背負っているのだ。

郷さんは「ちあきなおみ」と出逢い、その葛藤と困難の全てを引き受け、背負った。

己を捨て、全身全霊を傾け、「ちあきなおみ」を護り通し、死んだ。

そのことを、ちあきさんは受けるべき罰とし、自らを責めているのだ。

「歌うことで、郷さんを死なせ、殺した」と、ちあきさんは告白しているのだ。

どうしてまた歌うことができようか……。「ちあきなおみ」の思いを顧みないのは私達なのだ。

「復帰」「歌え」「もう一度」——随分なことを言っているのは私達なのだ。自己本位なのは私達なのだ。

「ちあきなおみ」は十字架を下ろさない。背負い続けるのだ。

それがちあきさんにとって、生きる意味なのだと思う。


この夜、ちあきさんは私がお借りして寝るベッドに、シーツを敷いて下さった。

私はベッドに横たわり、シーツに頬を寄せてみた。ちあきさんの匂いがした。

この日から、私は「ちあきなおみ」の歌を聴くことを封印した。

『かもめの街』が好きだった。

「おまえも一生波の上　あたしも一生波の上」

この歌詞が、何だか私自身に向けて歌われているような気がしていた……。

そして、愛おしむようにベッドに横たわりながら、私は或る思いを抱いていた。

追憶

ちあきさんの送迎は、私にはちょっとした小旅行だった。

二宮町はのどかないい街で、時間があれば少し散策したりしていた。

一度、ちあきさんを二宮海岸へとお誘いした。

「海ーっ！」

海岸線を車で走ると、子供の頃に帰ったかのように声を上げられるちあきさんに、私は親近感を覚えた。

しかし、季節外れの海で佇むちあきさんは、やはり歌の世界の人に見えた。

このような情景に身を置くと、私には「ちあきなおみ」の歌が聞こえてくる。あの、宝石のような歌声が。

追憶……その思いを、海を見詰めるちあきさんに重ね合わせると、ますますきらめきを放って心の中に突き刺さる。

海岸を歩くちあきさんは、まるでステージ中央から舞台袖へ去ってゆくかのようだ。

その背中に、心の中でそっと言ってみる。

「歌ってください」

声なき小さな叫びは、波音に消された。

「カモメよ　カモメよ　淋しかないか　帰る故郷があるじゃなし」

郷さんとの死別を機に、自ら芸能界から姿を消したことと重なり、ちあきさんはイメージとして悲劇的であり、痛ましく切ない印象があるが、決してそればかりではない。

私には、笑顔のちあきさんが、いつもいつも心の中に存在する。あの天真爛漫さと言おうか、本当に可愛らしい女性、という印象が強い。

東京からの帰り、二宮町のスーパーで買い物をすると、とにかく甘いものやお菓子が多い。もうこれ以上は、といった表情の私の目を盗むように、こっそりもう一つ、もう一つと、ショッピングカートに品物を忍ばせては悪戯っぽく笑われる。

郷さんから聞いた話では、ちあきさんは一リットルサイズのアイスクリームを抱えて食べていたそうだ。

いつも、付き添う私にも何か買って下さろうとするのだが、面白いのは三十歳の私に、

「これがいい？　これにする？」

と、手にされるのは子供が食べるチョコレート等のスナック菓子だったことである。

毎回帰り際、スーパー入り口のスタンド売店でソフトクリームを御馳走になったが、ちあきさんと二人でペロペロと食べる姿を客観的に見て、私の方が照れて赤面してしまう位だった。

「郷さんはちあきさんが可愛くてしょうがなかったでしょうね」

関係者の方が仰った。私も全く同感である。

楽しいお話もよくして下さった。

郷さんとの初めてのデートは、ブルース・リーの映画鑑賞だったそうだ。

映画が終わり外へ出て、信号を渡っている時、突然郷さんが、「アチョー！」と横断歩道でやりだした。

「もう恥ずかしくて恥ずかしくて……」

私は、日活アクション映画『嵐の勇者たち』の中で、郷さんがコミカルに鉄拳を虚空に振るいながら躍るシーンを思い出し、大笑いしてしまった。

私はよく、所有していた様々なジャンルのビデオを、ちあきさんに観ていただきたくてお渡しした。コメディ映画から恋愛映画、格闘技に至るまで。ちあきさんはそのひとつひとつの感想をお話しして下さった。

中でも、アメリカ映画『追憶』については印象深い。

過去に観たこともおありなのだが、改めて仰ったのは、主人公のロバート・レッドフォードとバーブラ・ストライサンドがラストシーンで抱擁を交わすシーンだ。

「あの気持ちは、本当に分かる……」

恋や愛を超え、共に生き、共に戦った男女にしか分からない感情……。

そういえば、「ちあきなおみ」が歌手として最後に歌った歌は、『追憶』だった。

歌詞の向こう側

私事だが、最後にこのエピソードを書きたい。

恥ずかしながら、当時私はよく詩を書いていた。元来持ち合わせている感傷的な性質が、ちあきさんのような詩情溢れる方の傍にいて触発されたのかは分からないが、ノートを持ち歩いては書き留めていた。文学賞への応募や、発表したいといった気持ちもなく、現在のようにＳＮＳも発達していなかったので、ただ書いては自分で読む、といったものだった。

しかし、やはり人間の本能として、誰かに見てもらいたい、読んでもらって感想が聞きたいと思うものだ。恐れ多くも、私にはちあきさんしかいなかった。

「勇気を出して、ちあきさんに見てもらおう」

そう決心したものの、中々言い出せない。

「ちあきさん、最近、詩なんか書いちゃったりしてるんですよ」

「へえ、そうなんですか」

話が進まない。悶々とした日々が続く。

ある日、荷物を運び込むためにちあきさんの家に上がり込んだ時、チャンスがやって来た。

「ちあきさん、この前、二宮駅で電車を待っている時、貨物列車が通り過ぎたんです。夕方で夕日が真っ赤に燃えていて……何だか詩心を刺激されましてねえ、書いちゃいました」

「へえ」

チャンスだ。行け！

「……ちあきさんに見てもらいたいんですけど」

私は何を言っているのだ……誰に言っているのだ……言わなければよかった……。

「いいですよ。見せてください」

奇跡が起こった。やはり言ってみるものだ。いかにもその場で書きなぐったように見えるが、実はその時迄に何度も何度も紙に清書し直していた詩をお渡しした。

テーブルを挟んで、向こう側に座るちあきさんが私の詩を読まれている。

この少しの時間を、私は永遠に閉じ込めたいと感じた。もう何もいらない。ちあきさんが今、私だけを見て下さっているに等しかった。

「……いいと思います」

非常に稚拙で抽象的な詩なのだが、ちあきさんはそう仰って下さった。そしてこの詩から、私の心の奥底に潜む感情を、ものの見事に言い当てられた。凄い洞察力なのだ。

そしてこの後、何と、ちあきさんは、「ちあきなおみ」の最高傑作とも名高い、『ねえあんた』の歌詞についてお話しして下さったのだ。

この歌は松原史明先生の作詞で、純粋で心の優しい娼婦が、惚れてしまった客とのやり取りを、独り芝居の歌でちあきさんが表現された大作だ。コンサートやディナーショーでは必ず歌われていたが、私はちあきさんの表現が、耐え難い程、哀し過ぎて直視できなかった。

歌は、客とのやり取りを歌い、その後、歌詞はこう続く。

この天井も　毎日　見てると
いろんな模様に　見えてくるんだ
羊や船や　首かざり
あんたの顔にだって　見えてくるんだ

この詞の歌唱中、ちあきさんは片肘をつき、仰向けの態勢を取るのだ。

つまり、惚れた客ではなく、別の客に抱かれている女を表現しているのだ。

想像力の貧しい私は、この時まで、全くそのことに気が付かなかった。

「歌詞の向こう側」としか、書き記せない世界である。

私はこの時、不思議な感覚に囚われてしまった。いつも舞台袖から見ていた『ねえあんた』を歌うちあきさんの姿と、お話しされるちあきさんの姿が重なり合ってしまうのだ。

そして、歌の主人公の女性が、私の目の前に現れる。

その後、数秒程、無言の時間が流れた。

その数秒が、私には今現在も続いている。

僭越ながら、

「ちあきさんは、歌うことを止めてはいけない」

と思った。

そして私は、「ちあきなおみ」に抱いていたひとつの疑問が消えたのだった。

きっと、歌に対しての真心が百パーセント、否、それを越えてしまっているのではないだろうか、と。歌を引き寄せるのではなく、歌に同化し、歌そのものになってしまう。私情等が入る余地がどこにもない。だからこそ美しく、歌の物語が鮮明に浮かび上がる。

そして、圧倒的な歌唱力と天才的な表現力、かくしきれないスター性とが相まって、「ちあきなおみ」が前面に顔を出してくるのだ。

もう二度と、「ちあきなおみ」のような存在は出てこないだろう……。

とても目指せる歌手ではないのだ。

「何か、書いてみたらどうですか？」

ちあきさんにそう言われ、ふと我に返った。

「いえいえ、とんでもないです」と、私は答えた。

この頃、ちあきさんはオーストラリアへ一人で旅行された。

私はお土産に、先端に水晶が嵌め込まれた、純金のペンをいただいた。

この手記は、そのペンで執筆している。

誇り

郷さんが亡くなられてから七年、私は三十歳を超え、今後の人生を考え始めた。

これをやってみたい、あれもやってみたいと、茫漠とではあるが試行錯誤を繰り返していた。いつまでもちあきさんに甘えていてはいけない……そんな思いもあった。

ちあきさんから離れる日が来た。

いつものように、ちあきさんを車で二宮町の家までお送りした。

道中、高速道路を走っていると、空に大きくきれいな虹がかかっていた。

思い返せば、私がちあきさんの現場に初めて付いたのは、『虹が出た！』というドラマだった……。

「ちあきさん、虹が出てますよ」

「虹が出た！」

「ちあきさん、八年間、本当にお世話になりました。ありがとうございました」

「いいえ。あなたがいなければ、できないことがたくさんありましたよ」

私は、ちあきさんのこの言葉を、自分の誇りとして、今も抱きしめて生きている。

東京へ帰る道すがら、私は人目もはばからず泣いた。

私の人生の中で、号泣したという記憶は、郷さんの葬儀の時と、この時だけである。

数か月後、所用でちあきさんと電話でお話しした。

「ちあきさん、今、御不自由じゃないですか？」

「不自由です」

どこまでも勝手な私に、どこまでも気を遣って下さった。

確実な愛

ちあきさんから離れ、二十年という歳月が経過した。

当時も今も、私は両手を差し出し大声を張り上げ、辺りを見渡し、郷さんとちあきさんの姿を探しているに過ぎない。

しかし、あの確実な愛を一瞬垣間見た私にとって、こだわらずにはいられなく、追いかけるしかないのだ。それは目に見えるものではなく、感じるしかない何かなのだ。

忘れられない。郷さんとちあきさんに出逢ったことは、忘れたくても、忘れられないのだ。

想像してみる。

ちあきさんは今も、静かに憂愁の中に立ち、郷さんとの追憶（想い出）の中だけに生きているのだろうか……。

あの日から、どれだけ時が過ぎゆこうと、ちあきさんにとって、郷さんの死は生き続けているのだろう。

しかし、私は感じるのだ。

今、郷さんとちあきさんの魂は、微笑み合っていると。

郷さんは、自分自身が無になろうとも、その魂はちあきさんへと微笑みかけている。

「郷さんを死なせてしまったのは私なんです。私が殺したんです」

ちあきさん、あの夜、私は思いました。

「郷さんは、本望だった」と。

前略　ちあきさん――。

「私達は親子みたいなものね」

ちあきさんはそう仰って下さいましたね。僕がそう思うようになったのは、つい最近のことです。だからでしょうか、逢いたいです。いえ、ちあきさんの許を離れてから、ずうっと……逢いたいと思って生きてきました。

「ちあきに付いている君は恵まれていると思いなさい。ちあきのような人にはなかなか出逢うことはできないんだぞ」

郷さんがよく仰ったこの言葉の意味が、やっと分かった気がします。こんなにも思い続ける人がいる……。

でも、「ちあきなおみ」の歌は聴きませんでした。アルバムが発表されて、CDショップにちあきさんのポスターが飾ってあると、そこを避けて歩きました。テレビやラジオからちあきさんの歌が聞こえると消しました。たとえ誰かのカバーでも。

ちあきさんに付いていたのは、二十四歳から三十二歳までの八年間でした。その僕は、今五十歳を超えました。ある日、ふと、どうしようもなく「ちあきなおみ」が聴きたいと思いました。CDを引っ張り出し聴いていると、何だかおかしなことに気が付きました。ちあきさんの歌声は、話し声と同じなんです。僕はちあきさんの歌声より、話し声の方が耳に残っているんです。それはそうですよね。あんなに沢山お話ししていただいたのですから。聴いているうちに何だか懐かしさが込み上げました。まるでちあきさんと今お話ししている気がして。聴き込んでいくと、素直にいいなあと思いました。だって、本当にいいんですよ。生意気ですが、少しだけ「ちあきなおみ」を理解できた気がしています。どの歌が好きか……あれもこれも好きですが決められません。今もテレビを見ると、上手いなあ、と思う歌手はいます。でも、ちあきさんが歌ったら、ちあきさんだったら……と、どうしても思ってしまいます。

「ちあきなおみの歌」は、日本の音楽界に必要だと思います。

　僕の人生最大の後悔は、ちあきさんに復帰を直訴しなかったことです。勿論、僕なんかが頼んでみても何も変わらなかったと思いますが、僕自身の後悔としてあります。こんなにも凄い後悔を持っている僕は幸せ者です。

　覚えていますか？　僕はちあきさんに言いましたよね。

「寄ってたかって説得しながら、ちあきさんひとり復帰させることができない関係者達は、本当に情けないと思います」

　ちあきさんは笑ってましたね……。

　僕は思っています。

「ちあきなおみ」に引退はないのだ、と。

　沈黙は、郷さんとの「二人の世界」を護っているのですね。

そして、魂で微笑み返しているのですね。
それは歌なのですね。
その長い長い叙情歌に、僕は耳を傾けています。
その聖らかな思いを込めた歌声に、僕は耳を澄ましています。
だからもう二度と、「歌ってください」とは言いません。
僕の好きな歌手は、「ちあきなおみ」です。

あとがき

今、『紅い花』を聴きながら、このあとがきを書いています。

私が「ちあきなおみ」の付き人になった頃にこの歌が発表され、テレビの歌番組、コンサート、ディナーショーでは必ず歌っていました。当時は、いったい何を歌っているのやらまったく分かりませんでしたが、三十年近く時が経過した今、心の中に染み入ってくるのです。

過去というものは、すべて物語になるのだ、と思うことがあります。

人間には、「忘れたくない」「忘れてしまいたい」「忘れてはいけない」「忘れるべき」過去があると思います。

本書は私にとって、これらの思いをすべて内包し、忘れることができず、どうすることもできないまま、心の中にそっとかくしておいた物語です。

しかし、五十歳を超えた三年前、昔の自分が思い出を誘い、このまま忘れられないようにと、私を心の巡礼へと、導いてくれたのだと思います。

そしてこの手記を執筆中、宍戸錠さんが逝去されました。

三月末、私はゆかりの地である広尾を訪れてみました。

かつて、コレドが入っていたマンションビルは改築を控え、住人は既に退去し、幾つかのテナントは「休業」の貼紙がされていました。

運良く、見納めることができたというわけです。

私は当時のままの建物の前に佇み、そこから街の風景を眺めました。すると、思い出が、あの頃の匂いさえ伴って蘇ってきたのです。そこに、原稿用紙に記述している時には体感することのできなかった息吹きを感じ、私はふと、コレドが在った二階への階段を上りたくなり、一段、一段と歩を進めました。

このまま上りつめれば、あの過ぎし日とめぐり逢えるかもしれない……。

郷愁にも似た思いの中に私は身を委ねました。そこは、決して辿り着くことのできない心の聖地。さようなら……。その誓いを胸に秘め、もう二度と上ることのできない階段を、一段、一段と下り、過去を見捨て、現在へと流れ着いた私は、物語に幕を下ろしました。

この物語は、私の体験を振り返り書くことができましたが、今一度、筆を執っています。

私自身は、さっさと心の旅を終え、帰港することができましたが、主人公である郷鍈治とちあきなおみの旅は、終わることなく、今この時も続いているのだということを、書き落とすわけにはゆかないのです。

そのことは、今も「ちあきなおみ」の復帰を切望する音楽関係者や、多くの聴衆と意を異にするでしょう。

しかし私には、「ちあきなおみ」の復帰はない、という確信が一貫してあるのだということを、どうか許していただきたいのです。

その理由は、この物語を紡ぐことによって、郷鍈治とちあきなおみの愛の姿を、改めて、厳しく思い知ったからです。

「ちあきなおみ」が、悲しい程きれいな沈黙を歌い続けることは、「郷鍈治」という男が生きた、唯一の証である、と信じているからです。

斜陽が静かに、優しい光を墓石に投じていました。

「瀬川家之墓」

私は片膝をつき、手を合わせ、目を閉じました。

言葉は思い浮かびませんでした。

そこは、限りない静穏に包まれていました。

ありがとうございました。

私は今、この物語を再び心の中にかくし、今度こそ、忘れようと思っています。

本書を出版するにあたり、私の記憶からこぼれ落ちた物語の破片を拾い集め、励まし支えて下さった新潮社の岡田葉二朗氏、私の思いを真正面から受け止め、書籍化に向けご尽力いただいた週刊新潮の荻原信也氏に、この場を借りて心よりお礼申し上げたい。

最後に、この手記に記されたすべての人、そして、この物語をみつけて下さったあなたに、深く感謝いたします。

令和二年　七月十七日

古賀慎一郎

事務所で結婚報告会見を行った二人（1978 年）

古賀慎一郎　(Koga Shinichiro)

昭和42年、愛知県名古屋市生まれ。
高校卒業後、東京キッドブラザースを経て、俳優・京本政樹の付き人を1年間務める。平成3年、ちあきなおみ個人事務所「セガワ事務所」にマネージャーとして入社し、8年間を過ごす。現在は郷里へ戻り、サービス業に従事している。

ちあきなおみ　沈黙《ちんもく》の理由《りゆう》

著　者　古賀慎一郎《こがしんいちろう》

発　行　2020年8月25日

発行者　佐藤隆信
発行所　株式会社新潮社　郵便番号 162-8711
東京都新宿区矢来町 71
電話：編集部　03-3266-5611
読者係　03-3266-5111
https://www.shinchosha.co.jp
印刷所　株式会社光邦
製本所　加藤製本株式会社

ISBN978-4-10-353541-6　C0095
価格はカバーに表示してあります。
JASRAC　出　2006257-001